Précis de fiscalité des affaires en République de Guinée

Mamadou BOMBI BALDE

Précis de fiscalité des affaires en République de Guinée

L'Harmattan

5-7, rue de l'Ecole-Polytechnique, 75005 Paris

http://www.harmattan.fr
diffusion.harmattan@wanadoo.fr
harmattan1@wanadoo.fr

ISBN : 978-2-343-10120-0
EAN : 9782343101200

SOMMAIRE

Avant-propos

Le présent ouvrage est le fruit d'une réflexion partie d'un constat alarmant, celui d'un accès limité, voire un manque d'information fiable pour les professionnels du droit et de la fiscalité exerçant en Guinée. Aussi, du fait de mon activité d'enseignement, l'idée de composer un tel ouvrage m'est venue tout naturellement.

L'objectif principal visé ici est de mettre à la disposition des étudiants inscrits dans les cycles de formation en droit, finances et comptabilité, un outil accessible, simple et contenant des informations aussi détaillées que possible sans pour autant vouloir exposer tous les détails du système fiscal guinéen tant la chose peut être complexe. À moyen terme, l'ambition est d'en faire, au fil du temps, un ouvrage pédagogique de référence dans le but de mieux préparer nos étudiants à affronter leur vie professionnelle avec confiance.

Pour faciliter la lecture, l'ouvrage est structuré en deux grandes parties :

– La première partie traite, de façon générale, de l'introduction au droit fiscal. Le lecteur qui souhaite approfondir ses connaissances sur cet aspect théorique de la fiscalité voudra bien se référer aux nombreux ouvrages traitant déjà de ces éléments de façon détaillée, qu'il s'agisse du droit fiscal guinéen ou étranger.

– La seconde partie traite uniquement de la fiscalité des affaires en République de Guinée, qu'elles soient réalisées dans le cadre d'une entreprise individuelle ou dans le cadre d'une société. De même, ceux qui souhaitent approfondir leurs connaissances en matière de fiscalité personnelle voudront bien se référer aux ouvrages disponibles sur le marché.

À travers quelques éléments de précisions et des cas de synthèse, le but de cet exercice est aussi de contribuer à l'émergence d'un système fiscal guinéen moderne.

Pour ce faire, le présent ouvrage est composé de sept (7) chapitres traitants de :

- L'introduction au droit fiscal
- L'imposition des revenus professionnels
- L'imposition du chiffre d'affaires
- Les impôts locaux
- Les droits d'enregistrement
- Les procédures fiscales
- La présentation de quelques régimes spéciaux.

Il me paraît important de rappeler, de façon expresse et non équivoque, que cet exercice ne peut, en aucune manière, être assimilé à un conseil. À aucun moment, et en aucune manière que ce soit, ma responsabilité ne peut être engagée du fait de la bonne ou mauvaise utilisation de l'information fournie dans le présent ouvrage. Il est donc de la responsabilité de chacun de soumettre son cas à une analyse plus détaillée devant aboutir à la formulation d'une opinion professionnelle.

Enfin, j'exprime toute ma reconnaissance à ma famille et à toutes celles et tous ceux qui ont contribué à la réalisation de cet ouvrage. Un grand merci tout particulier à Messieurs Amadou BARRY, Boubacar Biro DIALLO et Youssouf CAMARA, respectivement Managing Partner du cabinet Grant Thornton, Assistant du Directeur général des Impôts chargé de la stratégie, des études, de l'orientation et de la réforme, et Chef de Service Enregistrement, Mission foncière et Fiscalité immobilière.

1ERE PARTIE

INTRODUCTION AU DROIT FISCAL

Les éléments d'introduction au droit fiscal que nous étudierons dans la présente partie portent sur :

– La définition du droit fiscal (Section 1)

– Le cadre juridique (Section 2)

– Des éléments de technique fiscale (Section 3)

CHAPITRE 1

LA DEFINITION DU DROIT FISCAL

Le droit fiscal sera défini à travers :

- son objet (Section 1)
- son rôle dans la société (Section 2)
- et sa place parmi les sciences (Section 3).

Section 1 L'objet du droit fiscal

La fiscalité vient donc du terme latin « ficus » désignant une petite corbeille en osier utilisée pour recueillir l'argent autrefois collecté auprès des contribuables. C'est cet esprit qui se retrouve dans l'article 22 de la Constitution du 7 mai 2010 instituant l'obligation pour chaque citoyen de contribuer à l'impôt, chacun selon ses moyens, et ce pour les mêmes raisons historiques classiques que sont notamment la morale, la religion, la politique, etc.

Le droit fiscal désigne l'ensemble des règles juridiques applicables à la matière fiscale. Dans notre époque moderne, la fiscalité désigne l'ensemble de règles relatives au calcul et à la détermination du montant de l'impôt ainsi que les modalités de recouvrement de celui-ci par l'Administration fiscale.

Le droit fiscal n'est alors qu'une branche de la science fiscale qui, elle-même, vise à définir le concept d'impôt, classer les différents types d'impôts, en examiner les caractéristiques, détermine les organes compétents en matière fiscale et leurs prérogatives, les droits des contribuables, le tout pour aboutir à la notion de système fiscal. Apparue en France, au 19ème siècle, l'expression « système fiscal » désigne, pour la plupart des fiscalistes, l'ensemble des impôts appliqués dans un pays à un moment donné. De façon plus abstraite, le système fiscal est un indicateur pertinent de la qualité de la relation que les contribuables ont avec l'État en matière d'imposition ; de là nous vient d'ailleurs la notion de pression fiscale dont la formule de calcul du taux correspond au rapport entre la somme des recettes fiscales et le produit intérieur brut au prix du marché.

Le droit fiscal est, donc, également, un instrument majeur qui permet aux contribuables ou citoyens de mesurer la performance des politiques économiques mises en œuvre par le pouvoir exécutif.

Section 2. Le rôle de la fiscalité

Si le rôle de l'impôt est d'abord économique, il est aussi d'ordre social :

- Économique dès lors que, comme souligné plus haut, la question de l'impôt joue un rôle déterminant dans l'analyse des performances des politiques économiques et sociales définies par les autorités exécutives. Ce rôle peut être direct dans le sens où il est parfois utilisé pour construire des infrastructures au service de la collectivité, mais il est aussi indirect notamment à travers les allègements fiscaux accordés aux entrepreneurs dans le but de les inciter à accroitre leurs investissements.
- Social dès lors que l'impôt permet à l'État d'œuvrer pour le bien-être social de la population, par exemple à travers la construction d'hôpitaux ou l'octroi de

bourses pour les familles à faible revenu. Le rôle social peut aussi être indirectement apprécié ; il s'agit, par exemple, des allègements fiscaux accordés aux entrepreneurs dans le but de lutter contre le chômage et favoriser les embauches des actifs en recherche d'emploi.

Section 3. La place de la fiscalité entre droit et comptabilité

I Relation avec le droit

Les fiscalistes sont unanimes sur le caractère spécial du droit fiscal, ayant tantôt recours aux règles du droit privé (droit civil, droit commercial, droit du travail, etc.), tantôt à celles du droit public.

A Fiscalité et droit privé

Le droit privé correspond à l'ensemble des règles régissant les relations entre particuliers d'une part, et, dans une certaine mesure, entre particuliers et administration d'autre part.

L'appréciation de la proximité existant entre le droit fiscal et le droit privé s'observe régulièrement. En effet, il peut arriver que la loi fiscale renvoie, explicitement ou non, à des notions relevant du droit privé, c'est le cas de la question de la fiscalité des salaires qui renvoie directement au concept juridique de salaire tel que développé en droit du travail. C'est aussi le cas lorsque, saisi d'un litige en matière fiscale, le juge n'a d'autre choix que de se référer aux notions juridiques relevant d'une branche de droit privé. Ainsi, cela signifie que l'issue d'un différend précontentieux ou contentieux peut dépendre de la règle de droit privé à laquelle il est fait référence.

Le droit fiscal ne peut donc ignorer le droit privé en raison de sa technicité.

B Fiscalité et droit public

Selon Louis Trotabas et Jean-Marie Cotteret dans leur ouvrage intitulé « Précis de droit Fiscal », le droit fiscal est une branche du droit public régissant les prérogatives de l'Administration fiscale. En effet, dès lors que l'objectif de l'imposition est de contribuer à renflouer les caisses de l'État en vue de favoriser les actions de développement économique et social, le droit fiscal relève, pour ces auteurs, du droit public.

Par ailleurs, au même titre que le droit privé, il faut souligner la proximité de cette discipline avec plusieurs branches relevant habituellement du droit public. C'est le cas, par exemple, du droit des finances publiques qui aborde l'élaboration et l'adoption de la loi des finances et l'exécution du budget. De même, la fiscalité intervient souvent dans les relations diplomatiques entre États dans le but d'éviter les situations de double imposition des individus ou personnes morales.

II Fiscalité et comptabilité

Si le droit fiscal est une science juridique propre à la matière fiscale, cette dernière est elle-même un élément de la science financière. La fiscalité est, en effet, à cheval entre le droit et la comptabilité d'autant plus qu'il est établi que plusieurs termes utilisés en fiscalité tirent leur origine des sciences comptables : la provision, le bénéfice, l'amortissement, etc.

Par ailleurs, faut-il le rappeler peut-être, l'impôt n'est déterminé qu'à partir d'une base de travail généralement fournie par la comptabilité. Ce lien étroit permet de dire qu'en réalité, des erreurs comptables peuvent réellement nuire au contribuable, d'où l'importance pour le fiscaliste d'avoir également de bonnes connaissances en comptabilité.

Toutefois, ces deux branches suivent une finalité propre à chacune d'elle, car il existe bien un droit comptable avec des règles propres et un droit fiscal avec des règles tout aussi spécifiques à la question fiscale.

CHAPITRE 2.

LE CADRE JURIDIQUE DU DROIT FISCAL GUINEEN

L'étude du cadre juridique du droit fiscal guinéen renvoie directement à celle des sources classiques de droit que sont :

– la Constitution et les Lois (Section 1)

– la jurisprudence (Section 2)

– les principes généraux (Section 3)

– et la doctrine (Section 4).

Section 1. Les sources constitutionnelle et législative

Outre l'article 22 qui institue l'obligation pour les citoyens de s'acquitter de leur impôt, l'article 72 de la Constitution du 7 mai 2010 dispose que :

« **Article 72 :** Sous réserve des dispositions de l'article 51, l'Assemblée nationale vote seule la loi et contrôle l'action gouvernementale.

La Loi fixe les règles concernant :

— les garanties des libertés, des droits fondamentaux, les conditions dans lesquelles ils s'exercent et les limitations qui peuvent y être portées ;

— les droits civiques, la nationalité, l'état et la capacité des personnes, les régimes matrimoniaux, les successions et les libéralités ;

— les sujétions imposées pour la défense nationale aux citoyens, en leur personne et leurs biens ;

— la détermination des infractions, les peines qui leur sont applicables, la procédure pénale, l'amnistie, la création et la composition des ordres de juridiction et le statut des magistrats ;

— l'assiette, le taux, les modalités de recouvrement et de contrôle des impôts de toutes natures et des contributions obligatoires (...) ».

De cette disposition, découlent les caractéristiques ci-dessous

- la loi fiscale est établie selon un principe de mutabilité, ce qui signifie qu'elle peut changer à tout moment, généralement tous les ans à travers la Loi de finances ;

- la loi fiscale s'applique sur l'ensemble du territoire guinéen sans distinction comme c'est le cas dans d'autres juridictions comme la France où la fiscalité peut varier d'un territoire à l'autre (par exemple en Corse) ;

En droit guinéen comme dans la plupart des pays au monde, la Loi, au sens constitutionnel du terme, reste la première source du droit fiscal puisque c'est elle que la Constitution charge de fixer les règles concernant l'assiette, les taux et les modalités de recouvrement des impôts. La question fiscale relève donc du domaine de la Loi. Il en découle alors une compétence exclusive conférée aux députés de l'Assemblée nationale, et ce malgré l'importance significative accordée, dans les faits ou en droit, aux dispositions des Traités et normes internationaux et surtout à la position de l'Administration fiscale sur telle ou telle question de droit fiscal. À ce jour, à notre connaissance, les autorités guinéennes n'ont signé et ratifié que la seule la convention fiscale franco-guinéenne en vigueur depuis 2004.

Par opposition au pouvoir législatif, le pouvoir exécutif joue simplement un rôle d'exécutant et d'interprète des dispositions votées par le législateur fiscal, bien entendu outre ses prérogatives relevant du domaine du Règlement lui donnant toute liberté dans la définition des règles régissant l'organisation et le fonctionnement de l'Administration fiscale.

En 2004, les dispositions législatives et règlementaires alors existant à l'époque ont été regroupées dans un document unique codifié et dénommé « Code général des Impôts ». Avec ses six titres, le Code général des Impôts est, à présent, la source de droit quasi exclusif, pour trancher toute problématique fiscale. Il faut noter que certains pays voisins tels que le Mali ou la Côte d'Ivoire disposent, en outre, d'une codification additionnelle, c'est-à-dire une annexe au code dénommée « Livre des procédures fiscales » dont l'objectif principal vise à clarifier la présentation des dispositions relatives aux procédures et obligations déclaratives des différents contribuables.

Section 2. La jurisprudence

La jurisprudence désigne l'ensemble des décisions de justice sur une question de droit donnée, qu'il s'agisse de décisions de juridictions de premier ou second degré, ou encore de juridictions de cassation. La jurisprudence est donc une source indirecte de droit. Ainsi, toute décision de justice prononcée par un juge saisi d'un litige en matière fiscale est une composante de la jurisprudence fiscale guinéenne.

Dans la pratique, lorsqu'ils rencontrent des difficultés dans l'interprétation des textes en raison d'une insuffisance ou silence des textes, les juges se réfèrent généralement aux décisions antérieures prononcées par d'autres juridictions sur une question de droit similaire. Cela dit, il faut rappeler que cette référence ne les y oblige pas et n'est que facultative. Bien au contraire, il leur est totalement loisible de prononcer une décision contraire à celle existant déjà : c'est cela le revirement de jurisprudence.

Ce qu'il faut noter, c'est que la jurisprudence guinéenne en matière de droit fiscal reste relativement pauvre.

Section 3. Les principes généraux du droit

Le droit fiscal n'est pas qu'une matière purement technique. En effet, il vise aussi à préserver certains droits fondamentaux généralement appliqués dans la plupart au monde.

Ainsi, pour l'application de la loi fiscale, les règles ci-dessous définies doivent également être prises en compte. Il s'agit notamment :

- le principe de l'égalité devant l'impôt : ce principe comporte en lui-même deux règles de droit, à savoir l'égalité devant la loi fiscale et l'égalité devant les charges publiques. Toutes les personnes placées dans des situations identiques doivent subir le même traitement vis-à-vis de l'impôt ; cette notion se rapproche de celle d'équité fiscale selon laquelle chaque contribuable paie selon sa capacité contributive.
- Le principe de la non-rétroactivité de la loi fiscale : un texte fiscal ne peut en aucune manière trouver application pour asseoir une imposition sur un fait générateur antérieur à sa date d'entrée en vigueur ;
- le respect du droit de la défense : les contribuables doivent bénéficier du respect contradictoire de la procédure en matière fiscale ;
- le réalisme du droit fiscal : le droit fiscal définit ses propres concepts, bien que proches des autres sciences juridiques et financières. Autrement dit, lorsque la loi

fiscale est en contradiction avec une autre, c'est elle qui trouve application pour la détermination de l'imposition. Ainsi, l'Administration fiscale est totalement en droit d'apprécier un état de fait en faisant totalement abstraction de l'état de droit dans lequel se trouve le potentiel contribuable. Par exemple, elle peut décider d'appliquer l'impôt sur les sociétés à une association à but non lucratif lorsque l'activité réelle de cette dernière vise des objectifs purement commerciaux, lucratifs, dans un secteur concurrentiel.

Section 4. La doctrine

Si la loi et la jurisprudence déterminent et précisent les règles de droit fiscal dans leur essentialité, la doctrine demeure, tout de même, une source de droit tout aussi importante.

Au sens juridique du terme, la doctrine désigne la pensée des auteurs sur un sujet donné : c'est ce qu'on appelle la doctrine des auteurs. Il s'agit de l'ensemble des ouvrages et écrits publiés par les auteurs sur un sujet précis. C'est cette doctrine des auteurs qui permet à toute personne intéressée par un sujet d'appréhender globalement la question étant donné que cela lui donne accès à une multitude d'analyses et d'information sur le sujet en question.

Toutefois, il existe également ce qu'on appelle la « doctrine administrative ». Cette dernière désigne l'ensemble des textes nécessaires à l'interprétation des lois et règlements fiscaux, habituellement regroupés au sein d'un document dénommé« Bulletin officiel » dans la plupart des pays. Il faut préciser qu'un tel document est, pour l'instant, inexistant au grand regret des étudiants, apprentis et praticien de la fiscalité.

Les textes dont il est question ci-dessus sont généralement publiés sous forme de lettres circulaires, d'instructions, de réponses ministérielles aux questions posées par les députés de l'Assemblée nationale. En Guinée, les acteurs que sont la Direction générale des Impôts, la Direction nationale du Trésor et la Direction générale des Douanes sont les entités administratives chargées de la question fiscale. Autrement dit, ce sont ces dernières qui sont chargées d'exprimer la position administrative sur la problématique fiscale relevant de leur attribution. Cela dit, il faut souligner que l'Administration fiscale est principalement représentée par la Direction générale des Impôts qui est, en réalité, l'acteur le plus puissant du fait fiscal.

Dans la pratique, en raison de la technicité de certaines questions fiscales, les contribuables ont, généralement, tendance à accorder une grande importance à l'interprétation des textes par l'Administration fiscale quand bien même celle-ci serait contraire aux dispositions légales ; le but étant d'échapper aux sanctions que cette administration pourrait prononcer en cas d'exercice de son droit de vérification et son corolaire d'aléas d'une procédure judiciaire dont le résultat est généralement connu à l'avance.

CHAPITRE 3

QUELQUES ELEMENTS DE TECHNIQUE FISCALE

Une bonne compréhension nécessite la maitrise par le sujet de certaines notions dont il n'est pas inutile de rappeler le sens des mots suivants :

– impôts, taxes, redevances et cotisations (Section 1) ;
– assujetti, redevable et contribuable (Section 2) ;
– fait générateur et exigibilité (Section 3) ;
– l'assiette (Section 4) ;
– la liquidation, la prescription, le recouvrement (Section 5) ;
– l'opacité fiscale (Section 6) ;
– la transparence fiscale (Section 7) ;
– le domicile fiscal (Section 8).

Section 1. Impôts, Taxes, Redevances, Cotisations

I Impôts

L'impôt est cette chose qui matérialise la contribution obligatoire à l'effort collectif de toute personne juridique vivant sur un territoire ou y possédant des intérêts, qu'elle soit de droit public ou de droit privé. Toutefois, pour des raisons de pédagogie, il est préférable de rappeler la définition juridique de l'impôt, relativement précise, fournie par Gaston Jèze (ancien spécialiste français des finances publiques) comme suit : l'impôt est une prestation pécuniaire requise sans contrepartie et perçue par voie d'autorité en vertu des prérogatives de puissance publique, de façon définitive. Cette définition est généralement complétée par le but de l'impôt, en ce sens que le prélèvement effectué doit être destiné au financement des charges publiques de l'État et collectivités décentralisées.

L'absence de contrepartie et la perception de l'impôt par voie d'autorité font ressortir son double caractère unilatéral et contraignant et les quelques cas exceptionnels d'imposition volontaire, notamment l'imposition par option ou choix du contribuable, ne sauraient remettre en cause cette appréciation juridique de l'impôt. Il en est de même du caractère définitif de l'impôt qui induit que celui-ci ne peut faire l'objet de répétition ou remboursement par l'État à son bénéficiaire. Dans ce cas également, il existe bien des exceptions qui ne sauraient remettre en cause cette appréciation juridique ; c'est le cas des restitutions du trop-perçu en ce qui concerne certains impôts, ou le crédit d'impôt que l'État accorde au contribuable.

Par ailleurs, l'impôt revêt plusieurs formes :

- Il est perçu soit directement lorsque le contribuable est en même temps le redevable (on parle d'impôt direct lorsque l'impôt revêt un caractère nominatif, ce qui est le cas de l'impôt sur le revenu), soit indirectement lorsque, le plus souvent, le redevable et le contribuable sont deux personnes bien distinctes (on parle alors d'impôt indirect, ce qui est le cas de la TVA dès lors que celui qui la facture, l'assujetti, n'est pas celui qui la supporte réellement c'est-à-dire le consommateur final). Pour une certaine doctrine, on peut aussi retenir que l'impôt est dit direct lorsqu'il correspond au verbe « être » ou « avoir », en ce sens qu'il s'applique à une personne ou une propriété, et l'impôt indirect, pour sa part, correspond au verbe

« faire » dès lors qu'il s'applique à une opération, un bien ou un acte.

• Il est réel ou personnel : l'impôt est dit réel lorsqu'il s'applique à un bien (par exemple la TVA) et il est dit personnel lorsqu'il est établi en tenant compte de la situation de la personne imposable (par exemple, l'impôt sur le revenu).

• Il est dit de répartition ou de quotité : l'un est le contraire de l'autre. L'impôt de répartition est celui dont le produit est connu à l'avance puis réparti entre les contribuables, tandis que l'impôt de quotité est celui dont le législateur fiscal fixe le taux et non le produit.

• Il est analytique ou synthétique : l'impôt est analytique lorsqu'il est assis sur une opération isolée ou sur une cédule c'est-à-dire une catégorie unique de revenus. L'impôt synthétique est assis sur un ensemble d'opérations pour une taxation unique.

II Taxes

La Taxe, quant à elle, est un élément qui se définit comme le montant perçu par une autorité publique en contrepartie d'un avantage particulier procuré au contribuable à l'occasion du fonctionnement d'un service public.

La taxe doit être payée par tous, y compris par ceux-là mêmes qui ne bénéficient pas effectivement du service public rendu par l'autorité publique. Autrement dit, il importe peu que le contribuable ait effectivement joui du service public, il suffit que la possibilité de jouissance de ce service public lui ait été offerte.

Lorsqu'elle est perçue pour le compte d'une personne morale de droit privé ou d'un établissement public industriel et commercial, on parle de taxe parafiscale. La taxe parafiscale, dont l'objet est généralement d'ordre économique, social ou professionnel, est un prélèvement obligatoire généralement perçu en vue du financement de l'action publique dans un secteur d'activité bien précis. C'est d'ailleurs, parfois, l'occasion pour le pouvoir exécutif de créer des taxes pour dissimuler la création d'impôts.

III Redevances

S'agissant des redevances, il s'agit du prix d'un service public rendu par une entité publique à une personne qui en a fait la demande. Par exemple, le prix d'entrée dans un musée public sert notamment à couvrir les charges d'entretien et de préservation de ce lieu. Le service public est généralement à caractère industriel et commercial.

Contrairement à l'impôt ou à la taxe, la redevance ne revêt pas de caractère obligatoire puisqu'elle n'est due que par la personne qui demande à bénéficier d'un service public et qui en bénéficie effectivement.

Le caractère effectif lié à l'utilisation du service public implique que les redevances découlant de la mise en fonctionnement ultérieur d'un service public ne sauraient être exigibles avant l'utilisation réelle par les contribuables, le fait générateur n'existant pas à ce moment-là.

La redevance doit normalement être calculée en fonction de l'importance du service rendu : c'est le principe de l'équivalence financière établi par le Conseil d'État français.

IV Cotisations

Quant aux cotisations, elles désignent les sommes versées à une institution de protection sociale, qu'elle soit de droit public ou de droit privé, en exécution d'une obligation légale ou conventionnelle (par obligation conventionnelle, il faut entendre obligation prévue par une convention collective). C'est le cas, par exemple, des cotisations de sécurité sociale payées par les employeurs et employés auprès de la Caisse Nationale de Sécurité sociale. Les cotisations sociales légales sont régies, en République de Guinée, par le Code de la Sécurité sociale.

Section 2. Assujetti, Contribuable, redevable

I Assujetti

Un assujetti est une personne physique ou morale soumise à une obligation légale du fait pour elle de remplir un ou plusieurs critères légaux.

II Contribuable

Le contribuable est la personne physique ou morale qui est assujettie à l'impôt, c'est-à-dire celle qui en supporte la charge effective. L'assujetti et le contribuable sont deux notions quasi identiques.

III Redevable

Le redevable est la personne physique ou morale qui est responsable du paiement effectif de l'impôt au niveau de l'administration fiscale soit pour son propre compte, soit pour le compte du contribuable s'agissant des impôts indirects.

Section 3. Fait générateur, Exigibilité

I Fait générateur

Le fait générateur est l'évènement qui donne immédiatement naissance à une dette fiscale du contribuable vis-à-vis de l'Administration fiscale.

II Exigibilité

Quant à l'exigibilité, c'est le moment à partir duquel l'Administration fiscale est en droit d'exiger le paiement de l'impôt.

Section 4. Assiette fiscale

L'assiette fiscale correspond à l'élément de base qui sert au calcul de l'impôt. Cette base est soit juridique (par exemple, la propriété pour les droits de mutation), soit monétaire (par exemple, le revenu pour l'impôt sur le revenu), soit physique (par exemple, la mesure pour les contributions indirectes).

Section 5. Liquidation, Prescription, Recouvrement

I Liquidation

La liquidation de l'impôt désigne le fait d'appliquer un taux d'imposition, souvent un pourcentage arithmétique, à une assiette donnée ; l'impôt correspondant devant ensuite être réglé dans un délai précis. Le taux est fixe (le montant est fixe), proportionnel (le taux est appliqué sur une valeur), ou progressif (le taux est déterminé par tranche ou barème).

II Prescription

Lorsque l'Administration fiscale n'a plus le droit légal de poursuivre l'exigibilité d'un impôt, on parle de prescription.

III Recouvrement

Le recouvrement désigne l'acte consistant à recouvrer ou opérer le transfert du montant dû par le contribuable à l'Administration fiscale, soit à l'amiable, soit par la force.

L'impôt est, le plus souvent, perçu en argent (remise d'espèces ou de chèques, virement à un compte bancaire ou postal). Dans des pays comme la France, le paiement en nature est possible dans des cas exceptionnels. Le droit fiscal guinéen, quant à lui, prévoit exclusivement le mode de paiement en argent quand bien même l'article 754 du Code civil Guinéen permet d'extinction d'une obligation par voie de dation en paiement.

Section 6. Opacité fiscale

Sont dites opaques, d'un point de vue fiscal, les sociétés dont la personnalité juridique forme un écran entre la société et les actionnaires. Cela a pour effet immédiat l'imposition des résultats de la société au niveau de la société elle-même en son nom propre et pour son compte.

Du fait de l'opacité, les actionnaires sont individuellement imposés sur les dividendes distribués par la société et perçus par eux, chacun proportionnellement à sa part dans le capital social. Lorsque le résultat est négatif, le déficit demeure également au niveau de la société et n'a aucun effet sur le revenu des associés ou actionnaires.

Sont considérées comme opaques, les sociétés soumises à l'impôt sur les sociétés, qu'elles le soient de plein droit (c'est le cas de la Société Anonyme, la Société A Responsabilité limitée, la Société par Actions simplifiées) ou sur option (la Société en Nom collectif, la Société en Commandite simple, les sociétés civiles).

Section 7. Transparence fiscale

Contrairement aux sociétés opaques, la personnalité juridique ne fait pas écran entre la société elle-même et les associés.

La transparence fiscale renvoie à la notion, en droit des sociétés, de « société de personnes ». La transparence fiscale s'applique donc aux sociétés de personnes —la Société en Nom collectif, la Société en commandite simple, les sociétés civiles –pour lesquelles si les résultats de l'activité sont déterminés au niveau de la société, ils sont imposés au niveau des associés proportionnellement à leur participation dans le capital social.

Dès lors, une société transparente n'est ni contribuable ni redevable de l'impôt sur le revenu dégagé en fin d'exercice.

Section 8. Domicile fiscal

Au sens de l'article 4 du CGI, le domicile fiscal ou la résidence fiscale s'apprécie en Guinée par le fait pour une personne :

– d'y avoir son foyer d'habitation permanent ;

– d'y séjourner plus de six (6) mois dans l'année ;

– d'y exercer une activité professionnelle, qu'elle soit salariée ou non, à moins qu'elle ne justifie que cette activité y est exercée à titre accessoire par rapport à son activité principale exercée à l'étranger ;

– ou d'y avoir le centre de ses intérêts économiques.

2EME PARTIE

FISCALITE DES ENTREPRISES

CHAPITRE 1

L'IMPOSITION DES REVENUS

L'étude de l'imposition des revenus dans le présent chapitre porte sur :

– L'imposition des bénéfices (Section 1) ;

– La taxe sur les salaires (Section 2) ;

– Les retenues à la source (Section 3) ;

– La taxe professionnelle unique (Section 4)

Section 1. L'imposition des bénéfices

L'étude de la fiscalité applicable aux bénéfices réalisés par ceux agissant dans un cadre strictement professionnel implique que soient traités les régimes applicables aux différentes catégories de bénéfices tels que définis par la loi fiscale, à savoir :

– l'impôt sur les sociétés (I) ;

– l'impôt sur les bénéfices industriels et commerciaux (II) ;

– l'impôt sur les bénéfices non commerciaux (III) ;

– l'impôt sur les bénéfices agricoles (IV).

I L'impôt sur les Sociétés

Le fait pour les professionnels de s'acquitter de l'impôt sur les sociétés éventuellement dues (C) requiert la maitrise des règles de détermination de l'assiette imposable (B), encore faut-il en connaître le champ d'application (A).

A. Champ d'application

L'étude du champ d'application de l'impôt sur les sociétés implique, d'abord, que soient identifiées les personnes assujetties à l'impôt (1), ensuite, que soit identifié le bénéfice imposable (2).

1. Assujettis

En application des dispositions de l'article 220 du CGI, sont passibles de l'impôt sur les sociétés, quel que soit leur objet social, les sociétés suivantes :

a)Assujettis de plein droit

L'assujettissement de plein droit signifie que sont automatiquement soumises à l'impôt sur les sociétés :

– les sociétés anonymes et les sociétés à responsabilité limitée ;

– les coopératives et unions de coopératives non expressément exonérées ;

– les sociétés civiles qui se livrent à une exploitation industrielle ou commerciale ;

– les commanditaires dans les sociétés en commandité simple et les associations en participation, y compris les syndicats financiers, pour la part de bénéfices correspondant à leurs droits et à ceux des associés autres que ceux indéfiniment responsables ou dont les noms et adresses n'ont pas été indiqués à l'Administration fiscale ;

– toute autre personne morale ayant une activité lucrative.

<u>Précisions</u>

Groupement d'intérêt économique (GIE). Le GIE est une organisation dont le but exclusif est de mettre en œuvre des moyens propres à développer l'activité et les performances financières de ses membres. Son activité devant se rattacher essentiellement à l'activité économique de ses membres, le GIE ne réalise pas par lui-même des bénéfices. Par conséquent, sur un plan fiscal, le GIE n'est pas soumis à l'impôt sur les sociétés contrairement à ses membres qui peuvent l'être.

Sociétés par Actions simplifiées (SAS). La SAS est une société de capitaux récemment introduite dans notre dispositif interne par la dernière réforme de l'Acte uniforme sur le droit des sociétés commerciales. Si cette forme de société reste encore méconnue par les pouvoirs publics guinéens, on peut affirmer avec certitude qu'elle est, de plein droit, soumise à l'impôt sur les sociétés.

Droit comparé. Dans le droit fiscal sénégalais (article 4 du Code général des Impôts du Sénégal) est exclue de l'imposition d'office à l'impôt sur les sociétés à responsabilité limitée unipersonnelles dont l'associé unique est une personne physique. Nous invitons le législateur fiscal guinéen à tenir compte également de cette particularité de la société à responsabilité limitée liée à son caractère « hybride », c'est-à-dire mi société de personnes, mi-société de capitaux.

b) Assujettis sur option

Bien qu'elles n'y soient pas obligées, les sociétés ci-dessous peuvent opter pour leur assujettissement à l'impôt sur les sociétés :

– les sociétés civiles ne se livrant pas, dans les faits, à une exploitation industrielle ou commerciale ;

– les sociétés en nom collectif, les sociétés en commandite simple, les associations en participation ;

– les établissements publics ayant une activité de nature administrative autre que les établissements scientifiques, d'enseignement et d'assistance.

L'assujettissement est, toutefois, subordonné à l'exercice de l'option par le contribuable au cours du premier trimestre de l'année d'imposition. La société matérialise, ensuite, son choix en le notifiant à l'Administration fiscale. Le choix ou l'option devient irrévocable à compter de cette année.

Précisions

Droit comparé. Contrairement au droit fiscal guinéen qui prévoit l'irrévocabilité de l'option, l'article 145 du CGI du Bénin dispose que l'option ne s'exerce que pour une période de deux (2) ans à compter du 1er janvier de l'exercice suivant, et se renouvelle par tacite reconduction à l'issue de la période, sauf dénonciation avant le 30 novembre de la deuxième année.

Incohérence. L'assujettissement sur option indique que le régime de base de ces sociétés est celui de l'impôt sur le revenu. Il en ressort donc une certaine incohérence avec les dispositions ci-dessus évoquées traitant de l'assujettissement d'office à l'impôt sur les sociétés de toute autre personne morale se livrant à une activité lucrative.

Par ailleurs, il résulte des dispositions en vigueur que certaines entités échappent expressément à l'impôt sur les sociétés. Il s'agit notamment :

– des sociétés coopératives et leurs unions ainsi que les groupements villageois et leurs unions, ayant pour objet la production, la transformation, la conservation et la vente de produits agricoles sauf pour certaines opérations à caractère commercial telles que : les ventes effectuées dans un magasin de détail distinct de l'établissement principal, les opérations de transformation de produits ou sous-produits autres que ceux destinés à l'alimentation humaine ou animale ou pouvant être utilisés comme matières premières dans l'agriculture ou l'industrie et les opérations effectuées avec des non-sociétaires ou membres ;

– des sociétés coopératives d'approvisionnement et d'achat ainsi que les groupements villageois ou de quartier ayant le même objet, fonctionnant conformément aux dispositions qui les régissent ;

– des sociétés coopératives de consommation ainsi que les groupements villageois ou de quartiers ayant le même objet, qui se bornent à grouper les commandes de leurs adhérents et à distribuer dans leurs magasins de dépôt, les denrées, produits ou marchandises qui ont fait l'objet de ces commandes ;

– des sociétés, organismes, coopératives et associations reconnues d'utilité publique chargés du développent rural ou de la promotion agricole ;

– des chambres de commerce, d'industrie, d'artisanat et d'agriculture ;

– des bénéfices réalisés par des associations sans but lucratif, organisant avec le concours de l'État ou des collectivités locales des manifestations publiques correspondant à l'objet défini par leurs statuts et présentant du point de vue économique un intérêt certain pour la collectivité territoriale ;

– des organismes sans but lucratif légalement constitué et dont la gestion est désintéressée, pour les services de caractères social, éducatif, culturel ou sportif rendus à leurs membres ;

– des clubs et cercles privés pour leurs activités autres que le bar, la restauration et les jeux.

Précisions

Associations. Les associations ne sont pas soumises à l'impôt sur les sociétés, mais, au regard de la règle consacrant la primauté du réalisme fiscal sur le réalisme juridique, il n'est pas exclu qu'elles le soient s'il est avéré qu'elles exercent en réalité des activités purement lucratives. Le caractère non lucratif s'apprécie selon certains critères parmi lesquels le caractère intéressé ou non de la gestion de l'association et l'exercice d'une activité concurrentielle avec le secteur commercial.

Bureaux de liaison. Récemment admis en droit OHADA, le bureau de liaison n'est pas soumis à l'impôt sur les sociétés puisque, en principe, il ne réalise aucune vente de bien ou service aux clients de la société étrangère qui, à ce moment-là, n'est qu'en phase de prospection ou d'analyse du marché. Toutefois, en vertu du réalisme fiscal, de telles structures peuvent se retrouver assujetties au paiement d'impôts et de taxes comme développé ci-dessus pour les associations à but non lucratif.

2 Le principe de territorialité

Seuls les bénéfices réalisés par les sociétés exploitées en Guinée et ceux dont l'imposition est attribuée à la Guinée par une convention de non double imposition sont soumis à l'impôt sur les sociétés. Sont seuls visés ici les bénéfices réalisés par des entreprises exploitées en Guinée par des sociétés, qu'elles soient étrangères ou guinéennes. Autrement dit en sont exclus ceux réalisés à l'étranger par des sociétés de droit guinéen.

Au sens de l'article 223 du CGI, l'exploitation d'une entreprise s'entend de l'exercice habituel d'une activité industrielle ou commerciale dans le cadre :

– soit d'un établissement stable ;

– soit par l'intermédiaire d'un représentant n'ayant pas de personnalité juridique indépendante ;

– soit à travers la réalisation d'opérations formant un cycle lucratif complet.

Précisions

Définition de l'établissement stable. L'établissement stable est une notion en évolution non définie par le code général des impôts. Cependant, au sens de la convention fiscale franco-guinéenne, l'établissement stable est une installation d'affaires fixe par l'intermédiaire de laquelle une entreprise exerce son activité sur un territoire (par exemple un siège de direction, une succursale, une filiale, un bureau, une usine, etc.). La stabilité pourrait ainsi s'apprécier selon certains critères tels que la présence d'employés ou non, la supervision effective du travail par la direction locale, l'autonomie de gestion, la durée d'existence, etc.

Opérations formant un cycle lucratif complet. Le meilleur exemple pour reconnaître une opération formant un cycle lucratif complet est celui de l'achat suivi de la revente des marchandises, mais d'autres opérations peuvent entrer dans cette catégorie telles que les opérations financières (emprunts, cautionnements, etc.) ou encore les prestations de services réalisées sur le territoire guinéen.

3 La période d'imposition

L'exercice fiscal s'alignant sur l'année civile, les bénéfices imposables sont ceux générés entre du 1er janvier au 31 décembre de l'année.

Toutefois, l'article 7 de l'Acte uniforme portant organisation et harmonisation des comptabilités des entreprises permet aux sociétés créées au cours du second semestre de l'année de déclarer l'exercice N en même temps que le second de telle sorte que l'exercice N+1 ne dépasse pas dix-huit (18) mois.

B Du résultat comptable au résultat fiscal

Les bénéfices passibles de l'impôt sur les sociétés sont déterminés selon les mêmes règles applicables aux bénéfices industriels et commerciaux, sous quelques réserves (article 224 du CGI). L'impôt sur les bénéfices dégagés par les sociétés soumises au paiement de l'impôt sur les sociétés est assis sur la base du bénéfice fiscal lui-même déterminé après correction du bénéfice comptable.

Il est rappelé que le bénéfice comptable correspond au résultat d'ensemble des opérations de toute nature réalisées par la société. Ces opérations se classent généralement en trois catégories :

– les produits et charges d'exploitation ;

– les produits et charges financiers ;

– les produits et charges exceptionnelles, c'est-à-dire ne provenant de l'activité ordinaire du contribuable.

Le bénéfice imposable au final s'obtient en ayant recours à la méthode du bilan ou des comptes de gestion, le résultat final étant identique, comme suit :

• La méthode de calcul selon les comptes de bilan :

L'actif net du bilan de clôture – l'actif net du bilan d'ouverture – les apports réalisés +les prélèvements des associés au cours de l'exercice– les produits non imposables + les charges non déductibles – les déficits antérieurs – les amortissements réputés différés.

Selon l'article 92 du CGI, l'actif net s'entend de l'excédent des valeurs d'actif sur le total formé au passif par les créances des tiers, les amortissements et les provisions justifiées.

- La méthode de calcul selon les comptes de gestion :

Les produits imposables – les charges déductibles – les produits non imposables+ les charges non déductibles – les déficits antérieurs – les amortissements réputés différés.

1. Produits

Les produits désignent l'ensemble des opérations qui créent une augmentation de richesse pour la société. À ce titre, doivent être prises en compte toutes les opérations, quelles que soient leurs natures, qui ont pour effet, et non uniquement pour objet d'augmenter le résultat de la société.

Le droit fiscal tient compte des produits ayant pour contrepartie des créances acquises, c'est-à-dire certaines dans leur principe et dans leur montant, peu importe qu'ils aient été, effectivement perçus par le contribuable pendant l'année d'imposition.

Par ailleurs, il en est de même des subventions qui, qu'elles soient accordées pour soutenir l'exploitation, équilibrer les pertes financières ou acquérir des immobilisations, sont normalement comprises dans le résultat imposable, selon les cas, en tant que produits d'exploitation ou produits exceptionnels.

Dès lors, l'intérêt de notre étude sur les produits se limite aux règles dérogatoires suivantes : les plus-values et les produits financiers.

a)Les plus-values professionnelles

Selon une définition communément admise en comptabilité et fiscalité, la plus-value est un accroissement de la valeur d'un bien intervenu entre le début et la fin d'une période donnée, qu'elle soit réelle ou monétaire. Autrement dit, il s'agit d'un gain en capital perçu par le propriétaire après cession à un tiers.

Si son traitement fiscal diffère selon la nature même de la plus-value, le calcul comptable du montant de la plus-value s'opère, lui, de la manière suivante : prix de cession – valeur comptable nette.

➢ **Les plus-values de cession d'élément(s) de l'actif**

Conformément aux dispositions de l'article 92 du CGI, le bénéfice imposable est déterminé d'après les résultats de l'ensemble des opérations de toute nature, y compris les cessions d'éléments quelconques de l'actif, que la cession ait lieu en cours ou en fin d'exploitation. La règle de principe voudrait donc que toutes les plus-values de cession d'éléments quelconques de l'actif de la société entrent dans la base d'imposition à l'impôt sur les sociétés.

Toutefois, l'article 105, quant à lui, prévoit un cas d'exonération fiscale possible de la plus-value réalisée, uniquement sous réserve pour la société de :

- prendre l'engagement, dans la déclaration de résultat, de réinvestir en immobilisations dans ses exploitations une somme au moins égale au montant de la plus-value réalisée ajoutée au prix de revient d'un élément cédé en cours d'exploitation ;
- réaliser l'investissement avant l'expiration d'un délai de trois (3) ans à partir de la clôture de l'exercice.

Si le remploi est effectué au cours des trois (3) années suivantes, les plus-values soustraites du bénéfice imposable sont considérées comme affectées à l'amortissement des nouvelles immobilisations et elles viennent en déduction du prix de revient des nouvelles immobilisations pour le calcul des amortissements et des plus-values réalisées ultérieurement. À défaut, elles sont rapportées au bénéfice imposable de l'exercice de la quatrième année suivant celle de l'exercice de référence.

Précisions

Cession ou cessation d'activité. La plus-value est immédiatement rapportée au bénéfice imposable de l'exercice en cas de cession ou cessation d'activité au cours des trois (3) années suivant l'année de référence.

Droit comparé. Le droit fiscal guinéen ne fait aucune distinction entre la plus ou moins-value nette à long terme et la plus ou moins-value nette à court terme contrairement aux dispositions des articles 39 quindecies et suivants du CGI français. Une telle distinction présente l'avantage pour le contribuable de mieux gérer son imposition selon les circonstances du moment.

➢ Les plus-values de fusion et d'apport d'actif(s)

Les plus-values de fusion et d'apport d'actif réalisées par une société sur les marchandises sont soumises à imposition.

En revanche, les plus-values résultant de l'attribution d'actions ou de parts sociales (parts de capital) à la suite de fusions de sociétés anonymes ou à responsabilité limitée échappent à l'impôt sur les sociétés. Toutefois, selon l'article 226 du CGI, le contribuable ne peut profiter de cet avantage que sous réserve :

– d'avoir obtenu l'agrément préalable du ministre en charge de l'Économie et des Finances ;

– que l'acte de fusion contienne l'engagement de calculer les amortissements annuels à prélever sur les bénéfices ainsi que les plus-values ultérieures résultant de la réalisation de ces éléments sur la base du prix de revient qu'ils comportaient pour les sociétés fusionnées ou pour les sociétés apporteuses après déduction des amortissements déjà réalisés par elles.

Le privilège de l'exonération est étendu aux plus-values réalisées à l'occasion d'un apport d'actif par une société, que celui-ci soit total ou partiel, à condition que ce soit une société par actions ou à responsabilité limitée qui apporte :

– tout son actif à au moins deux sociétés constituées sous l'une de ces formes ;

– ou une partie de cet actif à une autre société constituée sous l'une de ces formes ;

– son actif totalement ou partiellement à un bénéficiaire de droit guinéen.

b) Les produits de participation distribués par d'autres sociétés

Les produits financiers perçus par une société entrent normalement dans la base d'imposition pour le calcul de l'impôt. Toutefois, le traitement fiscal des dividendes provenant de filiales d'une société est soumis à des règles dérogatoires ci-dessous détaillées (article 225 du CGI).

En effet, seulement si les conditions légales ci-dessous sont réunies, seule une quote-part des produits perçus est soumise à imposition :

– la quote-part imposable est égale à 5 % du produit total des participations plafonné au total des frais et charges de toute nature exposés par la société ;

– la société mère et la filiale doivent être constituées sous forme de sociétés par actions ou à responsabilité limitée (c'est-à-dire SA, SAS, ou SARL) ;

– la société mère doit avoir son siège social en Guinée et être passible de l'impôt sur les sociétés ;

– les titres de participation détenus doivent revêtir la forme nominative ou être déposés dans un établissement agréé par l'Administration guinéenne ;

– la société mère doit détenir en pleine propriété au moins 10 % du capital de la filiale. À noter qu'aucun pourcentage minimal n'est exigé pour les titres reçus en rémunération d'apports partiels admis au régime fiscal des fusions ;

– les titres doivent avoir été souscrits à l'émission ou, à défaut, la société mère doit avoir pris l'engagement de les conserver au moins pendant deux (2) ans.

Ainsi, pour clore notre développement sur les produits, il faut retenir que, hormis les cas exceptionnels ci-dessus développés, tous les produits comptabilisés par la société, qu'ils résultent de l'exploitation ou non, doivent être portés dans le résultat de la société au même titre que les charges représentant, en ce qui les concerne, les éléments de diminution du résultat.

2. Charges

Les charges sont les dépenses engagées par la société venant en diminution de son résultat. Elles peuvent revêtir plusieurs formes : loyers, salaires, frais de transport, frais bancaires, documentation, etc.

À l'instar de ce que nous avons fait pour les produits, il est possible de les regrouper en trois catégories : les charges d'exploitation, les charges financières et les charges exceptionnelles ou hors activité ordinaire.

Les charges sont déductibles du résultat fiscal dès lors qu'elles remplissent les conditions ci-dessous de l'article 93 du CGI :

– être exposées dans l'intérêt direct de la société, en ce sens qu'elles ne doivent pas constituer des actes anormaux de gestion ;

– être certaines dans leur principe et dans leur montant ;

– correspondre à des charges effectives dûment justifiées ;

– se traduire par une diminution de l'actif net de la société ;

– être comptabilisées dans l'exercice au cours duquel elles ont été engagées ;

– être fiscalement déductibles ou, le cas échéant, le montant de la dépense passée en déduction n'excède pas la limite fiscale prévue par les textes en vigueur.

a) frais généraux

Les frais généraux désignent l'ensemble des charges courantes habituellement supportées par un contribuable dans le cadre de son activité. S'ils sont, en principe, déductibles lorsque les conditions susvisées sont remplies, il est important de rappeler les quelques exceptions prévues par les textes comme c'est le cas des postes de dépenses suivant :

➢ Salaires :

Les salaires et assimilés versés au personnel sont déductibles dans leur totalité dès lors que :

– ils sont versés en contrepartie d'un travail effectif ;

– ne sont pas excessifs eu égard à l'importance du service rendu ;

– et ont fait l'objet de déclarations fiscales et du paiement des impôts et taxes correspondants.

Les rémunérations versées aux associés ou dirigeants des sociétés de personnes en tant que tels, ainsi que celles que s'attribuent les exploitants individuels, ne sont pas déductibles. En revanche, celles versées à leurs conjoints ou membres de leur famille sont déductibles à la condition que leur travail soit effectif et que la rémunération ne soit pas excessive eu égard à l'importance du service rendu.

S'agissant des assujettis à l'impôt sur les sociétés, de plein droit ou sur option, les sommes versées aux dirigeants sont déductibles dès lors qu'elles rémunèrent un service rendu en raison d'une fonction technique occupée par le bénéficiaire dans la société, fonction clairement distincte du mandat social.

Précisions

Rémunération excessive. La notion de rémunération fiscalement excessive est généralement confuse. Pourtant, elle reste importante dans la mesure où elle vient diminuer le résultat et fait donc peser un risque réel. Dans certains pays comme la France, l'administration fiscale tient compte de plusieurs facteurs pour apprécier le caractère excessif d'une rémunération, par exemple le niveau de rémunération dans des entreprises comparable, la qualification professionnelle, le niveau de responsabilités, la situation financière de l'entreprise.

➢ Jetons de présence

Les jetons de présence et les tantièmes ordinaires alloués aux administrateurs de sociétés anonymes ès qualités ne sont pas déductibles du résultat.

➢ Libéralités

Les libéralités accordées dans un cadre autre que celui du développement économique et social des collectivités locales sont déductible seulement si (article 99 du CGI) :

– elles profitent à des œuvres ou organismes d'intérêt général à caractère philanthropique, sportif, scientifique, social ou familial ;

– les bénéficiaires sont établis en Guinée ;

– le montant de la libéralité n'excède pas 1 pour mille du chiffre d'affaires hors taxes.

➢ Loyers et charges locatives

Ces dépenses sont déductibles à concurrence de la fraction échue ou courue au titre de l'exercice. Les loyers des locaux pris pour le logement du personnel ne le sont que si les retenues à la source ont été effectivement payées et l'état récapitulatif déposé au niveau de l'Administration fiscale au plus tard le 31 janvier de l'année N+1 pour l'année N.

➢ Crédit-bail

Les loyers versés au crédit bailleur constituent normalement des charges déductibles du résultat. En fin de bail, le locataire qui décide de lever l'option d'achat est tenu de réintégrer dans ses résultats une somme égale à la différence entre le montant total de l'investissement évalué au prix de revient initial dans la comptabilité du crédit bailleur et la somme des amortissements pratiqués augmentée du prix de cession effectivement versé audit bailleur au moment de la levée de l'option.

➢ Impôts et taxes

Les impôts, taxes et assimilés sont des charges déductibles du résultat sauf ceux expressément exclus du droit à déduction, à savoir l'impôt minimum forfaitaire, l'impôt sur les sociétés, les impôts retenus à la source à la charge des employés et des tiers, les amendes et pénalités alors même que l'impôt ou la taxe est déductible par nature.

➢ Frais de siège

En application de l'article 100 du CGI, les frais de siège facturés par les entreprises qui exercent leurs activités en Guinée et dont le siège social est situé à l'étranger peuvent être déduits du résultat à déclarer aux autorités guinéennes par la structure guinéenne seulement si :

– le montant n'excède pas 10 % du chiffre d'affaires réalisé en Guinée sauf convention internationale contraire ;

– et la retenue à la source a bien été effectuée, le cas échéant, et payée à l'Administration fiscale conformément aux règles déclaratives prévues à cet effet.

De façon générale, toute dépense engagée par la société sans que celle-ci n'ait procédé à la retenue à la source légalement due n'est pas déductible. C'est le cas des redevances ou commissions payées à des personnes non établies en Guinée lorsque la retenue à la source sur les revenus non salariaux est exigée.

Par ailleurs, il faut noter que dans la pratique, la partie versante qui s'abstient de déclarer dans sa liasse fiscale l'identité des bénéficiaires des montants entrant dans cette catégorie perd le droit de déduire les charges correspondantes.

➢ Primes d'assurance

Les primes d'assurance acquittées pour couvrir les risques professionnels sont déductibles ; ce qui n'est pas le cas des primes d'assurance-vie souscrites au profit du dirigeant, sa famille ou le personnel.

➢ Frais financiers

Leur déductibilité est soumise au respect des conditions générales de déductibilité. Pour ce qui est des intérêts payés dans le cadre d'un compte courant associé, les conditions sont cumulativement les suivantes :

– les retenues à la source légalement obligatoires doivent avoir été faites au moment du paiement des intérêts ;

– le capital social de la société doit avoir été entièrement libéré ;

– le taux d'intérêt supporté ne doit pas excéder le taux de refinancement de la Banque Centrale.

Au sens de l'article 97C du CGI, un intérêt est défini comme tout paiement lié à un passif et qui n'est pas la rémunération d'un titre de propriété ; ce qui est généralement le cas de la rémunération d'un prêt d'argent effectué par un agent économique à un autre agent économique.

<u>Précisions</u>

Entreprises sous-capitalisées. Une société est dite sous-capitalisée lorsque le montant des avances consenties par une entité liée excède une fois et demie le total de ses capitaux propres apprécié en fin d'exercice. Dans ce cas, la limite de déduction est double :

– le montant des intérêts ne doit pas dépasser celui des intérêts reçus d'entités liées ;

– et le montant des intérêts ne doit pas dépasser 25 % du résultat imposable.

Assujettis à l'impôt sur les sociétés. Pour les sociétés soumises à l'impôt sur les sociétés, les intérêts versés aux actionnaires ou associés possédant le contrôle de la société ne sont déductibles que lorsque les sommes mises à disposition par tous les actionnaires ou associés n'excèdent pas le montant du capital libéré. Cette dernière limite n'est toutefois pas applicable aux intérêts afférents aux avances consenties par une société à une autre société mère au sens de l'article 225 du CGI.

➢ Écarts de conversion

Les écarts de conversion viennent en déduction du résultat imposable. Quand l'écart de conversion est actif, cela signifie que la société enregistre une perte liée à la conversion de la monnaie étrangère en monnaie locale, ce qui amène les comptables à enregistrer une provision pour perte de change. En cas d'écart de conversion passif, la société est supposée avoir gagné de l'argent du fait de la conversion et point besoin de constituer une provision à cet effet.

Ainsi, en cas d'écart de conversion actif, la provision pour pertes de change est réintégrée dans le résultat fiscal de l'exercice pour éviter une double déduction avec l'écart de conversion également enregistré. À l'ouverture de l'exercice suivant, les écarts font normalement l'objet d'une extourne comptable et d'une réintégration extracomptable (pour les écarts de conversion actifs) ou d'une déduction extracomptable (pour les écarts de conversion passifs).

b) Les amortissements

L'amortissement est une technique comptable qui consiste à constater obligatoirement la dépréciation ou l'amoindrissement des valeurs d'une immobilisation corporelle ou incorporelle se dépréciant, de façon certaine et irréversible, avec le temps, ou en raison du changement des techniques, de l'évolution des marchés ou de toute autre cause.

Les immobilisations entrant dans le patrimoine de la société, c'est-à-dire celles dont la société est propriétaire, sont enregistrées dans les comptes de classe 2 et sont amorties selon les méthodes prévues par la loi.

Précisions

Charges et immobilisations. L'article 101 du CGI dispose que les entreprises peuvent immédiatement passer en déduction dans les charges le prix d'acquisition des matériels, outillages et mobiliers de bureau d'une valeur unitaire hors taxe inférieure à 100.000 GNF.

➢ Méthodes

Seules deux méthodes d'amortissement sont admises en droit fiscal guinéen. Il s'agit de :

✓ La méthode constante

La méthode constante, ou méthode dite linéaire est la méthode d'amortissement communément pratiquée par les entreprises. L'amortissement est réparti sur la durée d'utilisation de l'immobilisation et calculé à partir de la date d'acquisition du bien ou date de mise en service, sur la valeur d'acquisition c'est-à-dire le prix d'achat hors TVA si cette dernière est récupérable.

La formule de calcul de la dotation annuelle s'obtient de la façon suivante : Valeur d'acquisition x Taux.

Il reste entendu que la dotation à passer en charge est calculée prorata temporis lorsque l'actif immobilisé est acquis en cours d'année.

✓ La méthode dégressive

Contrairement à la méthode linéaire, la méthode dégressive reste facultative et n'est possible que sous réserve de remplir les conditions suivantes :

– il doit s'agir de biens d'équipement neufs ;

– les biens d'équipement concernés doivent être exclusivement utilisés pour des opérations industrielles de manutention, de transport, de fabrication, de pêche et d'exploitation agricole ;

– leur durée d'utilisation en Guinée doit être au moins de trois (3) ans.

Le taux d'amortissement est alors majoré et obtenu en appliquant un coefficient au taux constant.

Précisions

Droit comparé. Dans certains pays, il est permis pour les contribuables de recourir à une méthode accélérée selon laquelle le montant de la dotation peut être doublé la première année et pour certains équipements uniquement. Par ailleurs, il n'est pas rare de voir la durée minimale d'usage des biens amortis, selon le régime dégressif, porté à cinq (5) ans au lieu de trois (3) ans.

Exclusions. L'amortissement dégressif n'est pas autorisé lorsque les immobilisations sont des immeubles et des véhicules de tourisme acquis ou fabriqués.

➢ Taux

Les taux d'amortissement sont déterminés en fonction des usages ou de la durée normale d'utilisation du bien propre à la nature de l'activité de l'entreprise, mais aussi en fonction de la méthode d'amortissement retenue.

✓ La méthode constante

Les taux sont, de façon croissante, les suivants (article 101 du CGI) :

– 5 % pour les constructions à usage commercial, artisanal ou agricole ;

– 10 % pour les installations, aménagements, mobiliers et agencements de bureau ;

– 20 % pour les camions et véhicules tous terrains, le matériel et outillage ;

– 33,33 % pour le matériel informatique, les frais de premier établissement et les véhicules de tourisme.

Précisions

Véhicules de tourisme. Pour les véhicules dits particuliers, le prix d'acquisition admis est plafonné à 20 millions GNF. C'est le lieu de souligner le déphasage total de cette règle avec la réalité économique. De façon générale, il est souhaitable que le législateur tienne compte de la réalité économique dans la détermination du montant de la dotation et la précision quant à la nature des immobilisations entrant dans telle ou telle catégorie.

Amortissements excédentaires. Lorsque le montant des amortissements pratiqués excède celui des amortissements susceptibles d'être admis en déduction, la différence est réintégrée dans le bénéfice fiscal. Toutefois, à l'issue d'un contrôle fiscal, les dotations excédentaires réintégrées peuvent être admises en déduction des bénéfices imposables des exercices suivants au cours desquels l'entreprise a pratiqué des dotations inférieures à ceux auxquels elle pouvait prétendre.

Dotations insuffisantes. Selon l'article 101.III du CGI, à la clôture de chaque exercice, la somme des amortissements effectivement pratiqués depuis l'acquisition ou la création d'un élément ne peut être inférieure au montant cumulé des amortissements linéaires et réparti sur la durée normale d'utilisation. À défaut, le contribuable perd définitivement le droit de déduire la fraction des amortissements irrégulièrement différée.

✓ La méthode dégressive

Selon la méthode dégressive, les coefficients ci-dessous sont appliqués aux taux prévus selon la méthode constante :

- 1,5 lorsque la durée normale d'utilisation du bien est de 3 ou 4 ans ;
- 2 lorsque la durée est de 5 ou 6ans ;
- 2,5 au-delà de 6 ans.

c)Les provisions

Selon une certaine doctrine administrative, une provision est une déduction opérée sur les résultats de l'exercice en vue de faire face ultérieurement à une perte ou une charge dont l'objet est nettement précisé et dont la réalisation incertaine est rendue probable à raison d'évènements survenus au cours de l'exercice et qui existe toujours à la clôture dudit exercice. Ainsi, le contribuable anticipant de supporter des charges que des évènements en cours rendent probables peut constituer des provisions et les passer en déduction de ses résultats (article 198 du CGI).

D'un point de vue comptable, la provision doit être constituée dès que la diminution de l'actif net est prévisible alors que d'un point de vue fiscal, elle est d'abord facultative et sa déduction n'est possible que si la dépréciation est probable. Par conséquent, ne sont déductibles que les provisions qui satisfont aux conditions suivantes :

– les pertes ne doivent être ni éventuelles ni irréversibles ;

– elles doivent couvrir des charges elles-mêmes fiscalement déductibles ;

– elles doivent être précisées dans leur montant et dans leur nature ;

– la probabilité doit trouver son origine dans l'exercice en cours ;

– elles doivent figurer sur le relevé spécial des provisions contenu dans la liasse fiscale.

Précisions

Compte tenu de ce qui précède, voici quelques exemples de traitement fiscal de provisions :

Licenciement. Les provisions constituées en vue de licenciement(s) personnel(s) sont déductibles, contrairement aux licenciements économiques.

Litiges. Ces provisions ne sont déductibles que si la procédure est effectivement engagée d'une part, et, d'autre part, si le litige porte sur des charges elles-mêmes déductibles.

Propre assureur. Ces provisions ne sont pas déductibles.

Départ à la retraite. Ces provisions ne sont a priori pas déductibles si l'on se réfère au droit français.

Impôts. Les provisions ne sont déductibles que si l'impôt est lui-même déductible, mais les pénalités doivent être dans tous les cas réintégrées.

d) Les prix de transfert

La question des prix de transfert est devenue une problématique majeure à la fois en matière de fiscalité internationale et nationale. Elle est relative à l'appréciation du niveau de prix des transferts intragroupes et transfrontaliers.

➢ Transferts transfrontaliers

À la base, on parle de prix de transfert quand on a affaire à des mouvements internationaux. Ne sont donc pas concernées les transactions entre sociétés sans passage de frontière. Le critère de territorialité est le premier élément déterminant dans l'appréciation du champ d'application des prix de transfert.

Exemple : la société A établie en France achète du bois auprès de sa filiale B établie en Guinée en vue de fabriquer des meubles et les commercialiser sur le marché français et international. Le prix de vente du bois par la filiale guinéenne à sa société mère française est un prix de transfert.

➢ Transferts intragroupes

Le second élément déterminant est qu'il doit s'agir de transferts entre sociétés appartenant à un même groupe. Au sens du code général des impôts, sont visées ici les sociétés qui sont « sous la dépendance, de droit ou de fait, d'entreprises ou groupes d'entreprises » ou celles qui « possèdent le contrôle » d'entreprises situées hors de Guinée.

➢ Obligations

Depuis la Loi de Finances pour 2014, les entreprises établies en Guinée dont le chiffre d'affaires annuel hors taxes ou l'actif brut figurant au bilan est supérieur à 175 milliards GNF sont tenues de mettre à la disposition de l'Administration fiscale, une documentation permettant de justifier leur politique de prix pratiqué dans le cadre des transactions de toute nature réalisée avec des entreprises établies hors de Guinée avec lesquelles elles sont liées.

Par ailleurs, selon l'article 117 du CGI, ces transferts peuvent revêtir plusieurs formes, notamment :

– des versements sous forme de majoration ou minoration d'achats ou de ventes ;

– des paiements de redevances ou d'honoraires excessifs ou payés sans contrepartie ;

– des prêts sans intérêts ou aux taux injustifiés ;

– des remises de dettes ;

– des avantages disproportionnés par rapport au service rendu ;

– ou encore des prestations de services rendues à titre gratuit.

Précisions

Entreprises concernées. L'obligation de tenir cette documentation s'étend aux entreprises :

– qui détiennent ou contrôlent, à la clôture de l'exercice, directement ou indirectement, plus de la moitié du capital ou des droits de vote d'une entreprise dont le chiffre d'affaires annuel hors taxes ou l'actif brut figurant au bilan est supérieur à 175 milliards GNF ;

– ou qui sont détenues ou contrôlées, à la clôture de l'exercice, directement ou indirectement, pour plus de la moitié de leur capital ou de leur droit de vote, par une entreprise dont le chiffre d'affaires annuel hors taxes ou l'actif brut figurant au bilan est supérieur à 175 milliards GNF.

Méthodologie. Les prix pratiqués par les sociétés risquent d'être remis en cause s'il s'avère qu'ils ne correspondent pas au prix du marché dit prix de pleine concurrence. En effet, les facturations internationales entre sociétés liées doivent être établies par référence aux prix pratiqués par des entreprises indépendantes, d'où l'importance pour le contribuable de définir une politique de tarification raisonnable et alignée sur le marché. Dans la pratique, il existe plusieurs méthodes utilisées par les entreprises pour tester leurs prix ; c'est le cas, par exemple, de la méthode du prix comparable, la méthode du prix de revente, la méthode du prix de revente majoré. Chacune de ces méthodes présente des avantages et des limites pour le contribuable en raison notamment de son secteur d'activité, de la structure du groupe, des besoins et du volume des transactions, du marché, etc.

Droit comparé. Le droit fiscal libérien permet aux contribuables de signer un accord avec l'administration fiscale sur la politique de facturation intragroupe. La signature d'un tel accord met le contribuable à l'abri de toute remise en cause par l'Administration fiscale des prix de transfert pratiqués.

Ainsi, après avoir déterminé l'ensemble des opérations de l'entreprise dans le respect des règles ci-dessus et passé les ajustements qui s'imposent, on obtient le résultat fiscal provisoire à partir duquel le résultat fiscal définitif est déterminé. Le résultat fiscal définitif s'obtient après exploitation ou non des éléments suivants.

3. Les amortissements réputés différés

Lorsque le résultat fiscal provisoire est un déficit, et seulement dans ce cas, il est permis au contribuable de réintégrer la part fiscalement déductible des dotations aux amortissements jusqu'à obtenir un résultat imposable égal à zéro.

Le montant de la dotation ainsi réintégré est indéfiniment reportable dans le temps et vient en déduction des futurs bénéfices fiscaux qui seront réalisés jusqu'à épuisement.

Un relevé correspondant à ces amortissements doit être joint à la liasse fiscale de l'exercice au cours duquel ils sont créés.

De même, cette faculté devient impossible à faire valoir lorsque le contribuable reprend tout ou partie des activités d'une autre entreprise ou transfère à cette autre entreprise tout ou partie de ses activités.

4. Les déficits fiscaux antérieurs

En application des dispositions de l'article 107 du CGI, les déficits fiscaux réalisés sur un exercice antérieur par une société soumise à l'impôt sur les sociétés peuvent être passés en déduction du bénéfice fiscal provisoire de l'exercice suivant. L'excédent peut ainsi être reporté successivement d'une année à l'autre dans la limite de trois (3) ans : c'est la technique du report en avant des déficits ou le carry forward.

Précisions

Droit comparé. En France, par exemple, il existe également la technique du report en arrière des déficits ou le carry back. Le report en arrière des déficits est une technique qui permet de reporter le déficit d'un exercice sur les bénéfices des trois (3) exercices précédents ; ce qui fait naître au profit de l'entreprise un crédit d'impôt correspondant à la différence entre l'impôt effectivement payé et l'impôt théorique auquel elle aurait été soumise après imputation du déficit sur les exercices précédents. Ce crédit d'impôt peut, ensuite, être utilisé pendant les cinq (5) exercices suivants et à défaut d'épuisement, il est remboursé par l'État.

Ainsi, au terme de l'exercice, un résultat fiscal définitif est obtenu :

- S'il est négatif, on parle de déficit fiscal et aucun impôt n'est dû ;
- S'il est positif, on parle de bénéfice fiscal sur la base duquel le montant de l'impôt sur les sociétés éventuellement dû est déterminé.

C. Le montant de l'impôt sur les sociétés

Après liquidation de l'impôt obtenu par application du taux de l'impôt sur les sociétés au résultat fiscal définitif bénéficiaire et déduction des sommes déjà avancées (1), l'impôt correspondant est déclaré et payé à la caisse de l'Administration fiscale (2).

1. Liquidation

Après application du taux de 35 % au bénéfice fiscal, le solde d'impôt à payer s'obtient après déduction des sommes suivantes :

a)L'Impôt minimum forfaitaire

L'Impôt minimum forfaitaire est obtenu après application du taux de 3 % sur le montant du chiffre d'affaires de l'exercice précédent. Dans tous les cas, son montant ne peut, quel que soit le résultat obtenu, pour les entreprises relevant du régime normal ou assujetti à la TVA, être inférieur à 15 000 000 GNF ni supérieur à 60 000 000 GNF.

Précisions

Exceptions. Les personnes morales ci-dessous sont exonérées de l'Impôt minimum forfaitaire :

– les sociétés nouvellement créées pour leur première année civile d'exploitation sauf celles qui sont issues d'une opération de transformation de forme juridique ;

– les sociétés relevant du secteur minier ;

– les sociétés de personnes morales exonérées de l'impôt sur les sociétés ;

– les sociétés d'État ;

– les sociétés ayant cessé toute activité avant le 1er janvier de l'année d'imposition et non assujetties à la contribution des patentes dans les rôles de l'année précédente.

b) Acomptes

Des acomptes d'impôt doivent être payés par le contribuable par anticipation avant l'échéance au30 avril N+1. À cette date, seul le solde de l'impôt est à payer le cas échéant.

Ces acomptes, dont le montant par acompte est égal au tiers du montant de l'impôt sur les sociétés du dernier exercice, sont à payer au plus tard les 15 juin et 15 septembre de chaque année.

Précisions

Dispense. Le contribuable qui estime que le montant de l'impôt sur les sociétés dont il devra être finalement redevable est inférieur ou égal au premier acompte déjà payé peut être dispensé de paiement par le Directeur national des Impôts. La demande de dispense doit lui parvenir au plus tard le 15 août.

Leurs montants viennent normalement en déduction du montant de l'impôt sur les sociétés normalement dû.

c)Abattement et crédits d'impôt

Toute fraction du bénéfice imposable inférieure à 1 000 GNF est négligée.

L'impôt français qui frappe les revenus provenant de France et qui y est imposable conformément aux dispositions de la convention fiscale franco-guinéenne, ouvre droit à un crédit d'impôt imputable sur le montant de l'impôt guinéen dans la base duquel ces revenus sont compris et dont le montant ne peut excéder :

- le montant de l'impôt payé en France dans la limite du montant de l'impôt guinéen correspondant à ces revenus en ce qui concerne les dividendes, intérêts et redevances ;
- le montant de l'impôt guinéen correspondant en ce qui concerne les autres revenus.

Viennent également en diminution certaines retenues à la source supportées par le contribuable : c'est le cas, par exemple, du précompte effectué au titre du prélèvement forfaitaire dont les règles de liquidation sont fournies plus bas.

2. Déclaration

Les règles déclaratives sont les suivantes :

a)Déclaration

La liasse fiscale doit être déposée à l'Administration fiscale au plus tard le 30 avril de l'année suivante, y compris par ceux admis au bénéfice des dispositions du Code des Investissements, et le paiement de l'impôt doit intervenir au plus tard à la même date.

Précisions

États provisoires. Les contribuables qui sont dans l'impossibilité de déterminer avec exactitude leur résultat fiscal dans le délai légal peuvent néanmoins déposer des états provisoires et déposer les états définitifs au plus tard le 30 juillet (article 108 du CGI).

b) Sanctions

En cas de manquement aux règles déclaratives, la loi fiscale prévoit l'application des mesures de sanctions suivantes :

- déclaration hors délai : majoration de 10 % du montant de l'impôt avec un minimum de perception de 10 000 GNF ;
- insuffisance de déclaration de plus de 10 % du résultat : majoration de 25 % ;
- déclaration incomplète : les personnes morales passibles de l'impôt sur les sociétés qui, directement ou indirectement, versent à des personnes dont elles ne révèlent pas l'identité, des commissions, courtages, ristournes commerciales ou non, gratifications et toutes autres rémunérations, risquent une pénalité calculée en appliquant au montant des sommes versées ou distribuées, le double du taux maximum de l'impôt sur le revenu, c'est-à-dire 60 %. Lorsque les sommes en cause sont déclarées, le taux de la pénalité est ramené à 1,5 fois, c'est-à-dire 45 %.

Cas de Synthèse

1.Énoncé

La société ABC SARL au capital social partiellement libéré réalise un bénéfice comptable annuel de 10 000 000 000 GNF au titre de l'année 2015. Déterminez le montant de l'impôt sur les sociétés dû.

– Un don de 30.000.000 GNF à une association étrangère non domiciliée en Guinée. Un autre don est de 20.000.000 GNF et a été versé à une œuvre d'intérêt général à caractère sportif.

– 50.000.000 GNF d'intérêts ont été payés dans le cadre d'un compte courant associé. Le prêt a été consenti par l'associé en contrepartie de son remboursement avec 10 % de taux d'intérêt par an sachant que le taux de refinancement de la Banque Centrale est de 15 %.

– Dans le compte 641100, les comptables y ont logé la régularisation de la retenue à la source au titre du loyer de septembre 2015 : 5.000.000 GNF.

– Entre mai et novembre 2015, la société a fait l'objet d'un contrôle fiscal au titre du VF et de la RTS. Le comptable a provisionné le montant du rappel a priori accepté et devant se chiffrer à 100.000.000 GNF au titre des droits simples (70. 000.000 GNF pour le VF et 30.000.000 GNF pour la RTS) et 100.000.000 GNF également au titre des pénalités (mêmes montants pour chaque impôt).

– La société a pris en charge les frais de scolarité annuels des enfants du Gérant à hauteur de 50.000.000 GNF. Cet avantage a bien été comptabilisé dans les comptes de salaires et intégré dans la déclaration fiscale du mois de son versement.

– Le compte 68 contient les dotations relatives à l'amortissement des immobilisations notamment les suivantes : Toyota Prado achetée à 300 000 000 GNF le 1er juin 2014 et amortie sur 3 ans + Renault Kangoo, véhicule utilitaire, acheté à 200 000 000 GNF en 2013, amortie sur 3 ans.

– La société a enregistré une plus-value réalisée suite à la cession d'un actif en cours d'exploitation : 20.000.000 GNF.

2. Corrigé

- Don à l'association étrangère 30 000 000 GNF + le don à l'association locale pour la partie du montant excédant 1/1000 du chiffre d'affaires.

- Intérêts : 50 000 000 GNF, le capital social n'est pas entièrement libéré

- Impôts : 5 000 000 GNF, la retenue sur le loyer n'est pas déductible

- Provisions : 130 000 000 GNF, la RTS et les pénalités ne sont pas déductibles.

- Amortissements : 96.000.000 GNF, la Toyota Prado s'amortit sur 5 ans et la dotation fiscalement déductible est de 4.000.000 GNF.

- Plus-value : 11.000.000 GNF de plus-value déductible à condition que la société prenne l'engagement d'acquérir de nouvelles immobilisations au cours des trois années suivantes pour un montant au moins égal à la somme de la plus-value ajoutée au prix de revient de l'actif cédé.

Soit :

- Bénéfice comptable :10 000 000 000 GNF
- (+ Réintégrations) :311 000 000 GNF
- (— Déductions) :11 000 000 GNF
- Résultat fiscal :10 300 000 000 GNF
- IS (35 %) :3.605.000.000 GNF

II L'impôt sur les Bénéfices industriels et commerciaux

Notre étude du régime fiscal applicable aux bénéfices passibles de l'impôt sur les bénéfices industriels et commerciaux portera sur le champ d'application (A), les modalités de détermination du montant de l'impôt (B) et les règles déclaratives (C).

A. Champ d'application

Les bénéfices passibles de l'impôt sur les bénéfices industriels et commerciaux sont déterminés de la même manière que ceux passibles de l'impôt sur les sociétés, sous réserve, toutefois, des règles spéciales applicables à ce dernier.

Définis aux articles 87 et suivants du CGI, le régime des BIC s'applique uniquement aux contribuables ci-dessous :

1. Personnes physiques

Sont visées par la loi les personnes physiques, exploitants individuels ou membres de sociétés, exerçant une activité industrielle, commerciale et artisanale telle que :

- les achats de marchandises, matière ou objets en vue de leur revente ;
- les acquisitions des biens meubles en vue de leur location ;
- le transport, le transit, la manutention ;
- l'exploitation d'établissement destiné à fournir des logements, la nourriture, les soins aux personnes, les distractions ;
- les opérations de commissions et de courtages, les opérations d'assurance ;
- les opérations de banque, de change manuel et de transfert.
- La location d'un établissement commercial ou industriel muni du mobilier ou du matériel nécessaire à son exploitation, que la location comprenne ou non tout ou partie des éléments incorporels du fonds de commerce ou d'industrie ;
- la location ou sous-location de locaux d'habitation meublés ;
- l'achat en son nom, en vue de les revendre, des immeubles, des fonds de commerce, des actions ou parts de sociétés immobilières ;
- la souscription habituelle, en vue de les revendre, des actions ou parts créées ou émises par les sociétés immobilières et celles qui se livrent à des opérations d'intermédiaire pour l'achat, la souscription ou la vente des biens.

Sont également soumises à ce régime, les personnes physiques membres de copropriété de navires pour la part correspondant à leurs droits dans les résultats déclarés par la copropriété.

L'exercice d'une profession industrielle ou commerciale s'entend de l'accomplissement habituel d'opérations à caractère industriel ou commercial, ou d'opérations assimilées, par des personnes agissant pour leur propre compte dans un but lucratif. Quant aux professions artisanales, ce sont celles des travailleurs indépendants qui effectuent, à titre principal, des travaux de production, de transformation, de réparation et dont le chiffre d'affaires est principalement constitué par la rémunération de leur travail et celui des personnes qu'ils emploient.

2. Les autres professionnels

Entrent exclusivement dans cette catégorie de professionnels, les personnes physiques ou morales exerçant les activités ci-dessous :

- les titulaires de permis d'exploitation et concessionnaires de mines ;
- les amodiataires et sous-amodiataires de concessions minières ;
- les explorateurs de gisements de pétrole et de gaz combustibles.

<u>Précisions</u>

Activité commerciale. En droit commercial, l'activité est commerciale par nature, par la forme, ou par accessoire. Les articles 3 et 4 de l'Acte uniforme sur le droit commercial général fournissent les exemples suivants :

— l'achat de biens, meubles ou immeubles, en vue de leur revente ;

— les opérations de banque, de bourse, de change, de courtage, d'assurance et de transit ;

— les contrats entre commerçants pour les besoins de leur commerce ;

— l'exploitation industrielle des mines, carrière et de tout gisement de ressources naturelles ;

— les opérations de location de meubles ;

— les opérations de manufacture, de transport et de télécommunication ;

— les opérations des intermédiaires de commerce, telles que la commission, le courtage, l'agence, ainsi que les opérations d'intermédiaire pour l'achat, la souscription, la vente ou la location d'immeubles, de fonds de commerce, d'actions ou de parts de sociétés commerciales ou immobilières ;

— la lettre de change, le billet à ordre et le warrant (c'est le lieu de souligner que ces effets de commerce ne font malheureusement pas l'objet d'une règlementation particulière en Guinée, peut-être en raison de la rareté de leur utilisation dans le milieu des affaires en Guinée) ;

— les actes devenus actes de commerce en raison de la règle qui veut que l'accessoire (activité non commerciale par nature) suive le principal (activité commerciale procurant l'essentiel du chiffre d'affaires).

Droit comparé. Il est souhaitable que le législateur guinéen légifère sur certains instruments juridiques pourtant cités dans d'autres textes de loi : c'est le cas de la copropriété régie en France par la loi n° 65-557 du 10 juillet 1965, ou encore du billet à ordre, du warrant et de la lettre de change.

B. Détermination

Comme indiqué précédemment, le bénéfice fiscal définitif s'obtient comme en matière d'impôt sur les sociétés avec, toutefois, quelques particularités liées à la nature même de l'exploitation.

C'est le cas, par exemple, du traitement fiscal de la rémunération que se verse l'exploitant individuel. En effet, les rémunérations que s'attribuent les exploitants individuels ne sont pas déductibles contrairement à celles attribuées au conjoint ou au membre de la famille à condition, toutefois, que leur travail soit effectif et que la rémunération versée ne soit pas excessive eu égard à l'importance du service rendu.

C. Paiement

Le montant de l'impôt sur le revenu à payer au titre des BIC est égal à 30 % du revenu fiscalement imposable. Par ailleurs, les obligations déclaratives, la liquidation et les sanctions sont identiques à celles de l'impôt sur les sociétés.

III L'impôt sur les Bénéfices non commerciaux

Notre étude du régime fiscal applicable aux bénéfices passibles de l'impôt sur les bénéfices non commerciaux portera sur son champ d'application (A), les règles de liquidation de l'impôt (B), les règles déclaratives (C).

A. Champ d'application

Les règles relatives à l'impôt sur les bénéfices non commerciaux sont applicables aux revenus dits non commerciaux. Compte tenu de l'absence de définition légale des revenus non commerciaux, il s'agit alors des revenus ne relevant pas d'une cédule de l'impôt sur le revenu.

Cependant, le législateur a bien pris le soin d'y inclure, de façon expresse, les bénéfices réalisés par les professions suivantes :

- les honoraires des professionnels libéraux et ceux des charges et offices ;
- les produits de droits d'auteurs perçus par les écrivains ou compositeurs et par leurs héritiers ou légataires ;
- les produits perçus par les inventeurs au titre soit de la concession de licences d'exploitation de leurs

brevets, soit de la cession ou concession de marques de fabrique, procédés ou formules de fabrication.

Précisions

Professions libérales. Sont qualifiées de professions libérales, les professions dans lesquelles l'activité intellectuelle joue le principal rôle et qui consistent en la pratique personnelle d'une science ou d'un art. Leurs titulaires exercent leur activité en toute indépendance et leurs actes sont normalement régis par le droit civil (médecins, avocats, architectes, etc.). Compte tenu de la nature non commerciale de leurs fonctions, leurs revenus entrent dans la catégorie des bénéfices non commerciaux.

Charges et offices. Les charges et offices sont des fonctions publiques dont les titulaires ont soit la qualité de commerçant (les courtiers en assurance maritime par exemple), auquel cas leurs revenus relèvent plutôt de la catégorie des bénéfices industriels et commerciaux, soit n'ont pas la qualité de commerçants (par exemple, les commissaires-priseurs, les huissiers). Pour cette dernière catégorie, les revenus tirés des activités exercées relèvent de la catégorie des bénéfices non commerciaux.

B. Détermination

Le bénéfice imposable dans cette catégorie résulte de la différence positive entre :

– les recettes brutes réellement encaissées au cours de l'année civile ;

– et les dépenses réellement engagées et nécessitées par l'exercice normal de l'activité au titre de laquelle l'imposition a lieu.

1. Revenus

Au titre des revenus imposables, les personnes soumises à imposition doivent déclarer :

– les produits encaissés tirés de l'exercice de leur activité ou à l'occasion de toutes opérations lucratives qui s'y rattachent quel que soit le mode de perception desdites sommes et quelle que soit l'année au cours de laquelle ont été effectuées les opérations génératrices de ces recettes, hors débours, honoraires rétrocédés et dommages et intérêts perçus ;

– les gains provenant soit de la réalisation des éléments d'actif affectés à l'exercice de la profession, soit de la cession des charges et offices ;

– toute indemnité reçue en contrepartie de la cessation de l'exercice de la profession ou du transfert d'une clientèle.

Toutefois, les contribuables qui souhaitent que leur bénéfice soit déterminé d'après les résultats d'une comptabilité tenue selon les règles de la comptabilité commerciale peuvent demander une dérogation à l'Administration fiscale.

2. Charges

Les charges qui remplissent les conditions de déductibilité de droit commun sont déductibles des revenus imposables pour leur montant réel, notamment :

– les achats de fourniture et produits revendus à la clientèle ou entrant dans la composition des prestations effectuées à l'exclusion de tout achat de matériel amortissable comme en matière de bénéfices industriels et commerciaux ;

– les salaires, indemnités diverses, avantages en nature et charges sociales ;

– les rémunérations versées aux membres de la famille du titulaire des bénéfices non commerciaux si elles correspondent à un travail effectif, ne sont pas excessives et ont fait l'objet des retenues légales ;

– les impôts et taxes professionnelles payés au cours de l'année d'imposition sauf l'impôt sur le revenu, l'impôt minimum forfaitaire, les impôts et taxes retenus à la source à la charge des employés ou tiers ;

– les loyers et charges des locaux professionnels ;

– les pertes provenant soit de la réalisation des éléments d'actif affectés à l'exercice de la profession, soit de la cession des charges et offices ;

– les amortissements effectués selon les règles des BIC.

Par ailleurs, la loi oblige les contribuables à tenir un livre-journal contenant le détail des recettes et dépenses professionnelles ainsi qu'un document appuyé des pièces justificatives correspondantes, comportant la date d'acquisition ou de création et le prix de revient des éléments d'actif affectés à l'exercice de leur profession, le montant des amortissements effectués ainsi qu'éventuellement le prix et la date de ces mêmes éléments.

Précisions

Dépenses mixtes. Pour les dépenses engagées à la fois à des fins privées et professionnelles, une ventilation de celles-ci doit être opérée pour déterminer la part se rattachant effectivement à l'activité.

Immobilisations. Les détails des amortissements pratiqués doivent être contenus dans un document appuyé des pièces justificatives correspondantes (notamment la date d'acquisition, le prix de revient des éléments d'actif, le montant des dotations).

C. Paiement

Le taux d'imposition est de :

– 30 % du bénéfice imposable pour les personnes physiques ;

– 35 % pour les personnes morales ayant opté pour l'IS.

La déclaration annuelle des résultats doit intervenir le 30 avril au plus tard.

Pour les sociétés et groupements autorisés non soumis à l'impôt sur les sociétés, il y a lieu de produire la même déclaration que les contribuables-personne physique. Ils doivent également indiquer les noms, prénom, adresse et qualité des associés, leur part en pourcentage dans les résultats, le montant de la part du résultat net à prendre en considération pour le calcul de la base d'imposition. Chaque associé est, ensuite, personnellement imposé pour la part des bénéfices sociaux correspondant à ses droits dans la société.

IV. L'impôt sur les Bénéfices agricoles

L'étude du régime fiscal applicable aux bénéfices passibles de l'impôt sur les bénéfices agricoles portera sur son champ d'application (A), les modalités de liquidation (B) ainsi que les modalités de déclaration et de paiement (C).

A. Champ d'application

Sont compris dans le champ d'application de l'impôt sur les bénéfices agricoles, les bénéfices réalisés par les professionnels au titre d'une activité agricole.

Au sens du droit fiscal guinéen, les revenus tirés de l'activité agricole sont ceux résultant de la culture et de l'élevage, notamment la production forestière, les produits des exploitations agricoles, avicoles, piscicoles et assimilées, et les réalisations des chercheurs et obtenteurs de nouvelles variétés végétales.

En sont expressément affranchis :

– les revenus agricoles provenant de cultures vivrières sur une surface inférieure à 15 hectares en culture sèche et 10 hectares en cultures irriguées ;

– les revenus des exploitations agricoles d'expérimentation et de vulgarisation scientifique ;

– les nouvelles exploitations agricoles à condition qu'un investissement de 10 000 000 GNF ait été effectué. Dans ce cas, l'exemption ne vaut que pour une période de 5 ans.

Précisions

Définition de l'activité agricole. Dans certains pays, l'activité agricole s'entend également des activités telles que les prestations d'accueil agritouristiques, des activités de préparation et d'entraînement des équidés domestiques en vue de leur exploitation, de la vente d'énergie issue de la méthanisation réalisée à partir de produits provenant principalement de l'exploitation.

Particularités. Les produits de la vente de produits achetés en même temps que les produits de l'activité agricole relève plutôt du régime des bénéfices industriels et commerciaux. La règle selon laquelle l'accessoire suit le principal ne trouve pas application dans ce cas et il en est de même pour :

– les revenus tirés des ventes de produits et animaux n'ayant pas été cultivés et élevés par le contribuable lui-même ;

– les revenus tirés de la vente de produits agricoles lorsque celle-ci a lieu dans une installation fixe commerciale agencée à cet effet ;

– les profits réalisés par les cultivateurs qui font subir des transformations aux produits qu'ils récoltent eux-mêmes sont considérés comme des bénéfices industriels et commerciaux lorsque les opérations de transformation portent sur des produits ou sous-produits autres que ceux qui sont destinés à l'alimentation de l'homme et des animaux ou qui peuvent être utilisés à titre de matières premières dans l'agriculture et l'industrie.

B. Détermination

Le bénéfice agricole imposable est déterminé forfaitairement par l'Administration fiscale. Toutefois, il est permis au contribuable d'opter pour une imposition au réel. Cette option doit être notifiée chaque année à l'Administration fiscale avant le 31 décembre et demeure irrévocable pour l'année d'imposition en cause. Dans ce cas, le bénéfice réel de l'exploitation agricole est déterminé selon les règles applicables aux produits et charges en matière de bénéfice industriels et commerciaux.

Le montant du prélèvement forfaitaire est calculé par application du taux de 15%sur le montant du bénéfice imposable. Lorsque le contribuable relève du régime simplifié d'imposition, le prélèvement appliqué au montant du bénéfice déterminé forfaitairement est libératoire de l'impôt sur le revenu. Dans le cas contraire, le montant payé vient en déduction du montant de l'impôt sur le revenu calculé sur la base de l'ensemble des revenus ; l'excédent éventuel n'étant pas restituable.

S'agissant de la détermination de l'assiette d'imposition, le montant imposable fait l'objet d'une évaluation par l'Administration fiscale. Le contribuable dispose, ensuite, de la possibilité d'apporter des corrections et au final, la liquidation de l'impôt se fait sur une base acceptée par le contribuable. En cas de désaccord, l'assiette est définie par la commission des impôts installée à cet effet.

C. Paiement

Le contribuable est tenu de payer le montant correspondant dans les trente (30) jours suivant la date de réception de la décision de l'Administration fiscale fixant le bénéfice imposable.

Précisions

Régime simplifié. Relèvent du régime simplifié d'imposition les contribuables domiciliés fiscalement en Guinée et qui :

- n'ont pas demandé une imposition unique de leurs foyers ;
- perçoivent exclusivement des traitements, salaires, pensions ou rentes viagères de source guinéenne, assujettis aux retenues à la source prévues par les textes en vigueur ;
- réalisent exclusivement des bénéfices industriels ou commerciaux, ou des bénéfices non commerciaux, ou des bénéfices agricoles, faisant l'objet d'un prélèvement proportionnel liquidé sur une base forfaitaire ;
- réalisent exclusivement des plus-values immobilières non professionnelles soumises à un prélèvement libératoire ;
- perçoivent exclusivement des revenus de capitaux mobiliers.

Section 2. Les taxes sur salaires

Notre étude des taxes sur salaires portera sur :

- Le versement forfaitaire (I)
- La taxe d'apprentissage (II)

I. Le Versement forfaitaire

L'étude du versement forfaitaire portera sur son champ d'application (A), les modalités de détermination du montant de la taxe (B) et les obligations déclaratives et de paiement (C).

A. Champ d'application

Le versement forfaitaire (VF) est une taxe assise sur les salaires bruts versés par l'employeur à son personnel. La taxe est à la charge exclusive de l'employeur.

Sauf exonération expresse par une convention signée en bonne et due forme avec le Gouvernement, toute personne physique ou morale qui emploie en Guinée du personnel salarié, quels que soient leur statut juridique et leur situation au regard des autres impôts, est tenue de s'acquitter du paiement de cette taxe auprès de l'Administration fiscale.

B. Détermination

Le VF est calculé sur la base d'un taux fixe de 6 % de la base imposable qui correspond, en application des dispositions de l'article 201 du CGI, au montant global des traitements, salaires, indemnités et émoluments effectivement payés, y compris les avantages en argent et en nature, après déduction, le cas échéant, des cotisations pour les prestations familiales.

Précisions

Stagiaires. Le stagiaire observe la vie en entreprise dans le but de compléter une formation théorique effectuée à l'école ou à l'université, tandis que le personnel de l'entreprise désigne l'ensemble des personnes fournissant, en contrepartie d'une rémunération, un travail, dans le cadre d'un contrat de travail, qu'il soit à durée déterminée ou à durée indéterminée. Par conséquent, le stagiaire ne perçoit ni salaire, ni indemnité au sens strict du terme, mais une simple gratification dès lors que sa présence dans l'entreprise s'inscrit dans le cadre légal du stage défini dans le Code du travail.

C. Paiement

Le montant du versement forfaitaire est acquitté par l'employeur sur une base mensuelle, au plus tard le 15 du mois suivant le versement du salaire, ou trimestrielle lorsque son montant à payer n'excède pas 100 000 GNF. En cas de défaillance, la sanction est de 100 % du montant qui aurait dû être acquitté.

II. La Taxe d'Apprentissage

L'étude de la taxe d'apprentissage portera sur son champ d'application (A), les modalités de détermination du montant de la taxe (B) et les obligations déclaratives et de paiement (C).

A. Champ d'application

La taxe d'apprentissage est une taxe à la charge de tout employeur, personne physique ou morale.

En effet, selon la loi fiscale, en sont redevables :

- les employeurs-personnes physiques et les personnes morales passibles de l'impôt sur les sociétés, à l'exception des établissements publics ayant une activité de nature administrative autre que les établissements scientifiques d'enseignement et d'assistance, ainsi que les associations et collectivités non soumises à l'impôt sur les sociétés ;

– les sociétés de personnes et les sociétés en participation soumises à l'impôt sur le revenu exerçant une activité commerciale ou industrielle.

Toutefois, en sont exonérés :

– les entreprises lorsque la base d'imposition n'excède pas 300 000 GNF ;

– les ouvriers travaillant à domicile et les artisans ;

– les sociétés ayant pour objet exclusif les divers ordres d'enseignement.

B. Détermination

Le taux de la taxe d'apprentissage est de 3 % de l'ensemble des traitements, salaires, appointements, indemnités et rétributions quelconques, y compris les avantages en nature et espèces, dont le montant global figure dans les frais généraux de l'entreprise.

Précisions

Cotisations sociales. L'employeur doit s'acquitter du paiement des cotisations sociales à hauteur de 23 % dont 18 % pour la part lui revenant et 5 % pour la part revenant à l'employé. À noter que le salaire de référence est plafonné à 1 500 000 GNF par salarié.

Entreprises de plus de dix (10) salariés. Dans les entreprises de plus de dix(10) salariés, la taxe fiscale se transforme en charge sociale à un taux réduit de 1,5 %. Dans ce cas, on parle de Contribution à la Formation professionnelle dont le montant est perçu par la Caisse Nationale de Sécurité sociale pour le compte de l'Office National pour la Formation et le Perfectionnement professionnel.

C. Paiement

La taxe d'apprentissage est normalement établie sur une base annuelle en deux étapes :

- d'abord, les employeurs procèdent à son paiement, au plus tard le 31mars N+1 (sur ce point, la lecture des articles 217 et 218 révèle une certaine contradiction que le législateur est invité à corriger).

- ensuite, ils doivent soumettre leur déclaration à l'Administration fiscale avant le 5 avril N+1 : cette déclaration doit indiquer, au minimum, le montant des rétributions passibles de la taxe versée pendant l'année N-1, ventilé par établissements distincts, ainsi que le montant des exonérations ci-dessus visées.

Cependant, dans la pratique, il est plus fréquent pour les entreprises de procéder au règlement de la taxe sur une base mensuelle en l'intégrant dans les déclarations mensuelles uniques.

Quant aux sanctions relatives aux manquements aux obligations déclaratives, elles sont les suivantes :

- retard ou défaut de paiement : imposition d'office et majoration de 25 % ;
- insuffisance de déclaration de moins de 1/10 du montant réellement dû : le montant dû est majoré de 25 % du montant non déclaré ;
- insuffisance de déclaration supérieure à 1/10 : la pénalité est de 100 % du montant dû sauf bonne foi établie par l'employeur.

<u>Cas de Synthèse</u>

1.Énoncé :

La société ABC emploie 4 salariés dont 3 en contrat à durée indéterminée et 1 en contrat à durée déterminée. À fin novembre 2015, il vous est demandé d'établir la déclaration fiscale des salaires à partir des données comptables suivantes :

– Masse salariale brute de base : 30.000.000 GNF (chaque employé perçoit au moins 3 millions de salaires)

– Indemnités : 5.000.000 GNF

– Gratifications prévues, mais non encore payées : 5.000.000 GNF

– Frais d'hôtel du week-end familial d'un employé : 2.500.000 GNF.

2. Corrigé :

L'employeur ABC devra payer les taxes sur salaires suivantes :

– Versement forfaitaire : [(30.000.000 + 5.000.000 + 2.500.000) – 360.000] * 6 % = 2.228.400 GNF

– Taxe d'apprentissage : (30.000.000 + 5.000.000 + 2.500.000) *3 % = 1.125.000 GNF

Soit un total de 3.353.400 GNF à payer à l'Administration fiscale.

Section 3. Les retenues à la source

Notre étude sur les retenues à la source portera ici sur :

- les revenus non salariaux (I)
- le prélèvement forfaitaire (II)
- les revenus de capitaux mobiliers (III)
- les retenues sur les traitements, salaires et assimilés (IV)

I. Les Revenus non salariaux

Il s'agira d'aborder les points suivant le champ d'application (A), les règles de détermination (B), les modalités de paiement (C)

A. Champ d'application

Les professionnels percevant des revenus dits non salariaux sont normalement soumis au paiement d'un impôt par voie de retenue à la source au titre desdits revenus.

En effet, en application des articles 198 et suivants du CGI, les contribuables sont :

– les personnes ou les sociétés qui n'ont pas d'installation professionnelle permanente en Guinée ;

– les agents ou courtiers qui n'ont pas la qualité de salarié.

Précisions

Contribuables. Plus exactement, sont concernés par la retenue à la source :

– les professionnels libéraux déployant leur activité de conseil en Guinée ;

– les inventeurs et, de façon générale, toute personne titulaire de droits d'auteurs ou assimilés (a contrario, les redevances payées à un résident sont hors du champ d'application de la retenue à la source sur les revenus non salariaux) ;

– tout prestataire de service dès lors que le service est rendu ou utilisé en Guinée ;

– les agents et courtiers en assurance, qu'ils soient ou non fiscalement domiciliés en Guinée.

B. Détermination

La retenue à la source s'applique aux montants bruts des sommes versées en contrepartie du service entrant dans le champ d'application de l'impôt. L'assiette taxable inclut normalement tous les frais ou charges accessoires engagés au profit du contribuable (hébergement, transport, etc.).

Les taux de la retenue à la source sont les suivants :

– 15 % pour les montants payés par un débiteur établi en Guinée à un créancier établi à l'étranger ;

– 10 % pour les commissions payées aux agents et courtiers n'ayant pas la qualité de salarié.

Précisions

Taux réduit. Dans certains cas, le taux de la retenue à la source peut être réduit, notamment lorsqu'une convention internationale le prévoit. Par exemple, la convention fiscale franco-guinéenne prévoit un taux de 10 % dans certains cas précis quand le code général des impôts, en ce qui le concerne, prévoit un taux plus élevé (redevances, prestataires indépendants et professions libérales, etc.).

C. Paiement

S'ils supportent la charge de l'impôt, les contribuables ne demeurent pas moins en être les redevables légaux vis-à-vis de l'Administration fiscale. En effet, les redevables légaux sont :

- les bénéficiaires des services établis en Guinée, y compris lorsqu'il s'agit de l'État et des collectivités territoriales ;
- les sociétés d'assurances qui versent des commissions aux agents et courtiers non employés par elles.

Le paiement doit intervenir dans les quinze (15) jours du mois suivant celui du paiement. Dans la pratique, il est déclaré et payé à l'occasion de la déclaration mensuelle unique.

Pour les personnes non domiciliées en Guinée, la retenue à la source est libératoire de l'impôt sur le résultat et de l'impôt sur les sociétés.

En ce qui concerne les agents et courtiers en assurance entrant dans le champ d'application de la retenue à la source, la retenue est libératoire de l'impôt sur le revenu à moins que le contribuable ne soit imposé selon le régime normal d'imposition.

En cas de retenue insuffisante, le redevable est sanctionné par une amende égale au montant intégral de la retenue non versée et il peut même faire l'objet, par voie de rôle, d'une imposition à titre personnel à hauteur du montant dû.

II. Le Prélèvement forfaitaire

La présente étude portera sur le champ d'application (A), les modalités de liquidation (B) et les obligations déclaratives et de paiement (C).

A. Champ d'application

Il est institué une taxe forfaitaire prélevée sur le chiffre d'affaires réalisé par les personnes physiques ou morales non immatriculées à la TVA, d'où l'appellation « prélèvement forfaitaire ».

Sont visées toutes les activités exercées par le contribuable, qu'il s'agisse de livraison de biens ou de prestation de service. Il faut noter que le champ d'application ne s'étend pas aux opérations internationales des personnes assujetties, sauf en ce qui concerne les importations de marchandises ou de biens.

Par ailleurs, les achats locaux réalisés par les seules entités ci-dessous doivent faire l'objet du précompte : l'État, les collectivités locales, les établissements publics, les entreprises minières, les sociétés de téléphonie, les banques, les sociétés d'assurance, les établissements de micro finances et les sociétés pétrolières.

Enfin, sont également concernées par la retenue à la source les relations d'affaires concernant les distributions des unités de productions industrielles locales (article 254 du CGI).

B. Détermination

Les modalités de détermination de l'assiette varient selon qu'il s'agit d'importations, d'achats locaux ou de commission aux distributeurs :

- Importations de marchandises ou de biens : le prélèvement repose sur la valeur CAF (Coût, Assurances et Fret) déclarée lors du dédouanement, sauf pour les importations hors programme de sécurisation des recettes douanières, et le taux de liquidation est de 5 % de cette valeur.

- Achats locaux : le montant du précompte est déterminé sur la base du montant brut à payer au fournisseur ou prestataire au taux de 10 %.
- Commissions : pour les commissions versées aux distributeurs des unités industrielles locales, le précompte est de 5 % du montant payé.

C. Paiement

Le redevable de la taxe forfaitaire est la personne qui procède à la retenue à la source, c'est-à-dire le bénéficiaire du bien acheté ou du service rendu, y compris lorsqu'il s'agit de l'État.

Le précompte effectué par le redevable devient un crédit d'impôt pour le contribuable, en ce sens qu'il vient en diminution du montant de l'impôt sur le revenu ou l'impôt sur les sociétés.

Précisions

Risque de confusion. Attention, le texte de l'article 254 reproduit dans le code diffère selon la date d'édition, ce qui pourrait induire en erreur le lecteur.

– Édition 2015

Art.253. — Cet acompte est perçu au taux de 10 % sur tous les achats locaux de biens et de services effectués par l'État et les collectivités locales. (LF99, art. 17).

Il est perçu par voie de précompte au Trésor public au moment de la mise en paiement des mandats y afférents.

Art.254. —Il est également applicable aux achats locaux réalisés par les établissements publics et les entreprises minières, les sociétés de téléphonie, les banques, les sociétés d'assurance, les établissements de micro finances et les sociétés pétrolières.

Un arrêté du ministre des Finances fixe les procédures de gestion et de contrôle de ce précompte. (LF2000, art.16 complété par LFR 2012, art.5).

Un prélèvement de 5 % au titre du précompte BIC est appliqué sur les commissions versées aux distributeurs des unités industrielles locales. (LF2008, art15)

– Édition 2013

Art.253. - Cet acompte est perçu au taux de 10 % sur tous les achats locaux de biens et de services effectués par l'État et les collectivités locales. (LF99, art. 17).

Il est perçu par voie de précompte au Trésor public au moment de la mise en paiement des mandats y afférents.

Art.254. - Un prélèvement de 5 % au titre du précompte BIC est appliqué sur les commissions versées aux distributeurs des unités industrielles locales. (LF2008, art15)

Il est également applicable aux achats locaux réalisés par les établissements publics et les entreprises minières, les sociétés de téléphonie, les banques, les sociétés d'assurance, les établissements de micro finances et les sociétés pétrolières.

Il ressort clairement de la lecture simultanée de ces deux articles que le taux du prélèvement forfaitaire n'est pas le même.

III. Les Revenus de Capitaux mobiliers

La présente étude sur les revenus de capitaux mobiliers portera sur le champ d'application (A), les modalités de liquidation (B) et les obligations déclaratives et de paiement (C).

A. Champ d'application

De façon générale, les revenus de capitaux mobiliers peuvent se définir comme ceux provenant des placements financiers effectués par un contribuable notamment les produits de valeurs mobilières, les dividendes de droits sociaux, les bons de capitalisation, les intérêts de prêts consentis, les revenus de créances, etc.

Ces revenus sont traditionnellement regroupés en deux catégories distinctes : les produits de placement à revenus variable et les produits de placement à revenu fixe. Le caractère fixe ou variable dépend donc des modalités de rémunération du capital. Par exemple, les dividendes d'actions ou encore les plus-values de cession d'actions entrent dans la catégorie des produits de placement à revenus variable tandis que les revenus de créances ou tirés de prêt d'argent relèvent de la catégorie des produits de placement à revenus fixes comme la rémunération des bons de trésor ou obligations.

Par ailleurs, ces revenus imposables font l'objet de dispositions fiscales particulières selon qu'ils sont perçus en Guinée ou en dehors de la Guinée.

1. Produits de placement à revenu variable

Sont considérés comme produits de placement à revenu variable, les revenus suivants :

- les bénéfices ou produits non mis en réserve, ou inscrits en report à nouveau, ou incorporés au capital et qui sont sortis du patrimoine social ;
- les sommes ou valeurs mises à la disposition des associés, actionnaires ou porteurs de parts, directement ou par personne ou sociétés interposées, à titre d'avances, de prêts ou d'acomptes, sauf preuve contraire ;
- les sommes ou valeurs attribuées aux porteurs de parts bénéficiaires ou de fondateur au titre de rachat de ces parts ;
- les rémunérations et distributions occultes ;
- la part excessive des rémunérations versées aux dirigeants et cadres assimilés ;
- les dépenses ne respectant pas les conditions de déductibilité ;
- l'amortissement du capital par remboursement du montant des actions et parts sociales au moyen de fonds prélevés sur les bénéfices sans entraîner des réductions du capital au bilan sauf exception ;

– les redressements opérés après un contrôle fiscal s'ils n'ont pas été réinvestis dans l'entreprise. Ne sont pas concernés par cette mesure la réintégration fiscale d'amortissements, de provisions ou rehaussement de l'évaluation des valeurs d'exploitation. En revanche, lorsque le déficit déclaré devient un bénéfice, la fraction effectivement cotisée à l'impôt sur les sociétés est alors considérée comme distribuée ;

– les bénéfices et réserves capitalisées d'un contribuable qui cesse d'être assujetti à l'impôt sur les sociétés ;

– les jetons de présence et les tantièmes ordinaires alloués aux administrateurs en leur qualité de membres du conseil d'administration, ceux alloués à certains administrateurs en leur qualité de membres du comité d'études, et ceux payés aux actionnaires à l'occasion des assemblées générales ;

– les rémunérations, remboursements forfaitaires de frais et toutes autres rétributions revenant aux administrateurs, associés gérants, membres du conseil d'administration à l'exclusion des salaires, de revenus non commerciaux ou de redevances de propriété industrielle.

En revanche, ne le sont pas :

– les montants présentant pour les associés ou actionnaires le caractère de remboursement d'apports ou de primes d'émission, c'est-à-dire seulement si tous les bénéfices ou réserves autres que la réserve légale ont été auparavant répartis ;

– les amortissements de tout ou partie de leur capital social, parts d'intérêts ou de commandites effectués par les sociétés concessionnaires de l'État ou autres collectivités publiques ;

– l'attribution gratuite de titres représentatifs de l'apport aux membres de la société apporteuse dans le cas de fusions de sociétés ou de scissions opérées avec l'agrément du ministre de l'Économie et des Finances ;

2. Produits provenant de revenus fixes

Ce sont principalement :

– les revenus des fonds d'État ou produits des emprunts émis par le Trésor public ;

– les revenus de bons du Trésor et assimilés ;

– les intérêts, arrérages et produits de toute nature des obligations, effets et tous autres titres d'emprunt négociables émis par des sociétés de droit guinéen, qu'elles soient de droit public et de droit privé, les lots et primes de remboursement payés aux porteurs des mêmes titres ;

– les produits des bons de caisse ;

– les revenus des créances, dépôts, cautionnements et comptes courants.

Précisions

Intérêts. Sont exclus les intérêts, arrérages et tous autres produits de comptes courants figurant dans les recettes provenant de l'exercice d'une profession industrielle, commerciale, agricole ou d'une exploitation minière, sous la double condition que les contractants aient l'un et l'autre, l'une des qualités d'industriel, de commerçant ou d'exploitant agricole ou minier, et que les opérations inscrites au compte courant se rattachent exclusivement à l'industrie, au commerce ou à l'exploitation agricole ou minière des deux parties.

B. Détermination

Le fait générateur et l'exigibilité de l'impôt sont constitués soit par le paiement des intérêts, soit par leur inscription au débit ou au crédit d'un compte ouvert au nom du bénéficiaire.

Le revenu imposable est le revenu net résultat de la différence entre le revenu brut et les frais et charges supportés :

– le revenu brut s'entend du montant brut des produits distribués effectivement perçus par le bénéficiaire ;

– les frais et charges, c'est-à-dire les frais de garde des titres, frais d'encaissement des coupons, frais de location des coffres, etc., grevant l'acquisition ou la conservation du revenu dès lors qu'ils sont exposés en vue de l'acquisition ou de la conservation des revenus imposables. Pour être déductibles au titre d'une année donnée, ces dépenses doivent avoir été effectivement engagées durant cette année.

Pour les produits de placement à revenu fixe, les revenus sont déterminés de la façon suivante :

– les obligations, effets publics et emprunts : l'assiette correspond au montant de l'intérêt ou le revenu distribué dans l'année ;

– les revenus des créances, dépôts, cautionnements et comptes courants : l'assiette correspond au montant brut.

C. Paiement

Les modalités de paiement diffèrent selon que le bénéficiaire est domicilié fiscalement ou non en Guinée.

1. Revenus perçus par des personnes non domiciliées en Guinée

Sauf conventions internationales contraires, relatives aux doubles impositions, ces revenus, lorsqu'ils sont de source guinéenne et payés en Guinée, font l'objet d'une retenue à la source au taux de 10 % assis sur le montant brut des revenus distribués.

Précisions

Présomption de distribution. Sous réserve des dispositions des conventions internationales relatives aux doubles impositions, les bénéfices réalisés en Guinée par les personnes morales exerçant des activités en Guinée ou y possédant des biens sans y avoir leur siège social et imposable à l'impôt sur les sociétés sont réputés distribués, au titre de chaque exercice, à des associés n'ayant pas leur domicile fiscal ou leur siège social en Guinée. Les distributions ainsi déterminées font l'objet d'une retenue à la source au taux de 10 %. La société peut toutefois demander que la retenue à la source fasse l'objet d'une nouvelle liquidation dans la mesure où les sommes auxquelles elle a été appliquée excèdent le montant total de ses distributions effectives. Il en est de même dans la mesure où elle justifie que les bénéficiaires de ces distributions ont leur domicile fiscal ou leur siège en Guinée, et qu'elle leur a transféré les sommes correspondant à la retenue.

Par ailleurs, sont exclus du champ d'application de l'imposition par la voie de la retenue à la source (article 187 du CGI) :

– les rémunérations considérées comme occultes et les avances, prêts ou acomptes consentis aux associés et considérés comme revenus distribués ;

– sous réserves administratives, les produits d'actions, de parts sociales ou de parts bénéficiaires qui bénéficient à des organisations internationales, à des États souverains étrangers ou aux banques centrales de ces États.

2. Revenus perçus par des personnes domiciliées en Guinée

Les sociétés qui versent des revenus de cette nature à leurs bénéficiaires sont tenues de retenir à la source le montant de l'impôt correspondant avec application du même taux de 10 %.

Le montant prélevé doit ensuite être déclaré et reversé au comptable public chargé du recouvrement au plus tard trente (30) jours après la distribution ou le paiement des revenus, avec annexion des documents ci-dessous :

– un état de distribution nominatif ;

– une copie du procès-verbal d'assemblée ayant fixé la distribution ;

– une note explicative avec demande de reçu.

IV. La retenue sur les traitements, salaires, pensions et rentes viagères

Notre étude de l'imposition des personnes physiques au titre des revenus salariaux perçus portera sur son champ d'application (A), les modalités de calcul de l'impôt sur le revenu correspondant (B) et les modalités de paiement (C).

A. Champ d'application

Au même titre que les personnes morales qui s'acquittent de l'impôt sur le bénéfice réalisé au titre de leur activité, les personnes physiques sont soumises au paiement de l'impôt sur le revenu pour l'ensemble de leur foyer fiscal.

Les revenus imposables faisant l'objet du développement ci-dessous correspondent aux revenus salariaux et assimilés perçus par les personnes physiques, les pensions et rentes viagères, et autres revenus assimilés.

Les contribuables dont le domicile fiscal est situé à l'étranger ne sont imposés que sur les revenus salariaux de source guinéenne tandis que ceux qui ont le statut de résident fiscal en Guinée se voient imposés sur l'ensemble de leurs revenus salariaux, qu'ils soient de source guinéenne ou de source étrangère, sauf convention internationale contraire.

1. Territorialité

Sous conditions, les articles 51 et suivants du CGI soumettent à imposition les traitements publics et privés, émoluments, salaires et revenus assimilés, quel que soit leur lieu de mise à disposition.

Lorsque le bénéficiaire est domicilié en Guinée, il importe peu que l'activité rémunérée s'exerce hors de Guinée et que l'employeur soit domicilié ou établi à l'étranger. Lorsqu'il est domicilié à l'étranger, l'activité doit, dans ce cas, s'exercer en Guinée pour que les revenus soient imposés en Guinée.

Quant aux pensions et rentes viagères, elles sont également imposables en Guinée le bénéficiaire est domicilié en Guinée et il importe peu également que le débiteur soit domicilié ou établi à l'étranger. Lorsque le bénéficiaire est domicilié à l'étranger, le débiteur doit être domicilié ou établi en Guinée.

Compte tenu de la référence explicite des textes aux traitements, salaires et assimilés, et pensions et rentes viagères, il nous paraît nécessaire de fournir une définition relativement acceptable de ces différents éléments pour une meilleure compréhension du lecteur.

2. Définition des traitements, salaires et émoluments

Le salaire désigne la rémunération perçue par une personne (l'employé) se trouvant, en vertu d'un contrat de travail (écrit ou non) ou d'un statut particulier, dans un état de subordination ou d'étroite dépendance vis-à-vis d'une autre personne (l'employeur) en contrepartie du travail fourni à cet employeur.

La rémunération comprend le salaire de base et toute autre rémunération versée à l'occasion du travail qu'il s'agisse de primes, d'indemnités, d'allocations, etc.

La composition du salaire est un élément contractuel relevant du domaine de la négociation entre l'employeur et l'employé. Elle peut alors être simple ou complexe selon la catégorie professionnelle de l'employé. Dans la plupart des cas, le salaire comporte une partie fixe et une partie variable généralement en fonction des performances de l'employé sur une période donnée. À titre d'exemple, le salaire des professionnels de la vente est généralement indexé de façon systématique sur l'atteinte d'objectifs fixés à l'avance.

Le paiement du salaire peut être acquitté sous plusieurs formes : soit sous forme fiduciaire (c'est-à-dire en espèces), soit sous forme d'avantages en nature, soit sous forme de prise en charge de cotisations en lieu et place de l'employé en raison d'un avantage acquis non légalement obligatoirement conféré à l'employé, etc.

Précisions

Émoluments. Selon la définition juridique classique des émoluments, ceux-ci désignent généralement la rémunération d'un acte effectué par un officier ministériel (huissier de justice, notaire, etc.) soumis à un tarif règlementé. Cependant, il n'est pas rare de voir dans une entreprise le paiement de primes de recouvrement aux employés du service chargé du recouvrement des créances et ces primes sont parfois appelées émoluments.

3. Pensions et rentes viagères

Selon le Lexique des termes juridiques, la rente est dite viagère, lorsque l'obligation de verser les arrérages cesse à la mort du crédirentier ou d'une tierce personne. Elle devient perpétuelle lorsque le débirentier ne peut se libérer qu'en remboursant le capital.

En d'autres termes, la rente viagère est une somme d'argent versée par une entité, sur une période définie, à une personne bénéficiaire nommément désignée dans un contrat, et ce jusqu'à son décès. La rente cesse normalement au décès de son bénéficiaire à moins que le contrat ne prévoie le maintien du versement de la rente à un autre bénéficiaire désigné.

Quant aux pensions, il s'agit de revenus périodiques payés à un individu en rémunération de services antérieurement rendus par lui. La pension désigne une forme de salaire versé à une personne après son départ à la retraite.

B. Détermination

Pour une meilleure compréhension, l'étude des règles de détermination d'assiette et du montant de l'impôt dû se fera par nature de revenus :

1. Traitements, salaires et assimilés

La retenue sur les traitements et salaires, communément appelée la RTS, est calculée suivant l'une des formules ci-dessous :

- Revenu brut global – salaires non imposables– cotisations sociales salariales — frais professionnels déductibles<q= Revenu net imposable RTS = Revenu net imposable x Taux d'imposition

- Ou Revenu brut de base + salaires imposables – cotisations sociales salariales + frais professionnels déductibles = Revenu net imposable RTS = Revenu net imposable x Taux d'imposition

a)Revenu brut global

Il s'agit de l'ensemble des sommes versées à titre de salaire, en argent ou en nature, en contrepartie d'un travail fourni au service d'un employeur.

En ce qui concerne les avantages en nature, ils consistent dans la concession gratuite d'un avantage (bien ou service) dont l'employeur est propriétaire ou locataire, ou moyennant une participation du salarié pour un montant inférieur à la valeur réelle du bien ou du service concédé. Par exemple, la mise à disposition d'un logement de fonction pour le directeur d'une entreprise constitue un avantage en nature. L'évaluation de l'avantage doit être faite sur la base de la valeur réelle du bien ou du service concédé.

Précisions

Droit comparé. S'agissant de l'évaluation des avantages en nature, elle doit se faire au réel tandis qu'en France, l'évaluation forfaitaire est également admise, c'est-à-dire que l'employeur procède à une estimation relativement proche de la réalité économique du coût supporté, notamment lorsque l'avantage consiste en la mise à disposition d'un bien moyennant une participation du salarié inférieure à la valeur réelle.

b) Salaires non imposables

Certains éléments du salaire échappent à l'impôt. C'est le cas de :

– Les allocations spéciales destinées à assurer le remboursement de frais professionnels pour leur montant réel, allocations effectivement utilisées conformément à leur objet et sous réserve de justifications. De façon générale sont concernées les indemnités de logement, de repas, de transport, de cherté de vie, de salissure, de licenciement pour leur montant légal, de départ à la retraite pour leur montant légal ;

– les salaires versés aux apprentis ;

– les allocations familiales et indemnités temporaires, prestations et rentes viagères servies aux victimes d'accidents du travail ou à leurs ayants droit ;

– les appointements des membres des missions diplomatiques et consulaires accrédités en Guinée pour l'exercice de leurs fonctions sous réserve de réciprocité avec leurs pays d'origine ;

– les allocations, bourses, indemnités et prestations servies sous quelque forme que ce soit par l'État ou les collectivités et les établissements publics en application des lois et règlements d'assistance.

Cette liste d'exonération est limitative. Son contenu peut varier d'une année à l'autre en fonction des changements apportés par le législateur fiscal.

Précisions

Indemnités exonérées. Il n'existe pas de plafond légal ou règlementaire au-delà duquel les indemnités destinées à rembourser les frais professionnels pour leur montant réel deviennent imposables, mais elles doivent être raisonnables et justifiées. En revanche, toute autre indemnité forfaitaire versée à titre de remboursement de frais ne doit pas dépasser la limite administrative qui est généralement de 30 % du montant du salaire brut.

c)Diminutions autorisées

Du résultat préalablement obtenu, viennent également en diminution :

- les cotisations des salariés aux assurances sociales légalement obligatoires ;
- les retenues faites par l'employeur en vue de la constitution de pensions de retraite en application d'un régime de prévoyance légalement obligatoire ;
- les frais professionnels non couverts par des allocations spéciales ; ceux-ci sont fixés de façon forfaitaire à hauteur de 10 % du revenu obtenu après déduction des cotisations aux assurances sociales obligatoires et les retenues ci-dessus visées.

La finalité de toutes ces opérations est de pouvoir déterminer le montant net imposable auquel est appliqué le taux d'imposition.

d) Taux

L'impôt sur les revenus salariaux est calculé sur la base d'un barème progressif. Ce barème progressif est appliqué au montant net imposable comme suit :

- jusqu'à 1 000 000 GNF : 0 %
- de 1 000 001 à 5 000 000 GNF : 5 %
- de 5 000 001 à 10 000 000 GNF : 10 %
- au-delà de 10 000 000 GNF : 15 %

2. Pensions et rentes viagères

Concernant cette catégorie de revenus, le montant brut global est constitué par le montant total des arrérages perçus en espèces ou en nature. Les cas d'exemption applicables aux salaires sont les mêmes.

Pour la détermination du montant net imposable, sont également déductibles du montant brut total les cotisations de caractère social incombant obligatoirement au pensionné ou au rentier. La liquidation est ensuite opérée sur le montant du revenu net imposable aux taux applicables aux traitements et salaires ci-dessus indiqués.

Toutefois, échappent à la base d'imposition les rentes viagères servant de dommages-intérêts en vertu d'une décision de justice à titre de réparation d'un préjudice corporel ayant entraîné pour la victime une incapacité permanente totale l'obligeant à recourir à l'aide d'une tierce personne pour effectuer les actes ordinaires de la vie.

Le taux d'imposition est le même que celui retenu pour les traitements et salaires.

C. Paiement

Tout employeur, ou débirentier en ce qui concerne les pensions et rentes viagères, établies en Guinée est tenu d'opérer la retenue à la source du montant correspondant à chaque fois, qu'un paiement est fait au bénéficiaire.

Cette retenue à la source, en principe libératoire, est opérée et reversée à l'Administration fiscale pour le compte du bénéficiaire, au plus tard le quinze (15) du mois suivant celui du paiement.

Les détails relatifs à ces retenues devront figurer dans un état des salaires.

Précisions

Déclaration des données sociales. Les redevables doivent remettre au plus tard le 1erfévrier de chaque année une situation des sommes versées à chaque salarié durant l'année dernière en indiquant notamment :

- l'identité de l'employé ;
- le poste occupé ;
- le lieu du domicile en Guinée ou à l'étranger ;
- le montant des traitements, salaires, pensions ou rentes ;

– la période à laquelle s'appliquent les paiements lorsqu'elle est inférieure à une année ;

– le montant des allocations spéciales destinées à couvrir les frais professionnels excédant ceux couverts par la déduction forfaitaire ;

– le montant des retenues effectuées durant l'année précédente.

Déclaration du revenu global. Les personnes physiques qui des revenus relevant d'une catégorie autre que les traitements, salaires et assimilés (des revenus capitaux mobiliers, par exemple), ainsi que ceux qui ont opté pour une imposition de l'ensemble des revenus de leur foyer fiscal, devront faire une déclaration annuelle de leur revenu global. Cette déclaration doit être déposée à l'Administration fiscale au plus tard le 31 mars de l'année pour l'année précédente.

Tout paiement tardif est susceptible d'entraîner l'application d'un taux de majoration de 10 % par mois de retard, voire 100 % au-delà de trois (3) mois.

Cas de synthèse

1.Énoncé :

Les quatre employés de la société ABC perçoivent les salaires ci-dessous :

– Bah : 10.000.000 GNF (salaire de base) + 1.000.000 GNF (prime de fonction) + 1.500.000 (indemnité de logement et transport)

– Camara : 8.000.000 GNF (salaire de base) + 1.000.000 GNF (indemnité de logement et transport)

– Keita : 7.000.000 GNF (salaire de base) + 1.000.000 GNF (indemnité de repas)

– Zoumanigui : 5.000.000 GNF (salaire de base) + 500.000 GNF (remboursement de frais professionnels).

La société a réglé une facture au cabinet d'avocats malien qui l'a assisté dans les négociations commerciales avec son client ivoirien DEF en vue d'une assistance technique relative à un problème rencontré sur un site en Guinée :

30.000.000 GNF + 5.000.000 GNF de frais d'hôtel de l'avocat lors de son séjour en Guinée.

Calculez la RTS et la RNS dues à l'Administration fiscale.

2. Corrigé :

a) RTS

Bah :

– Base : 10.000.000 + 1.000.000 – 75.000 = 10.925.000 GNF

– RTS : 200.000 + 500.000 + 138.500 = 638.500 GNF

Camara :

– Base : 8.000.000 – 75.000 = 7.925.000 GNF

– RTS : 200.000 + 292.500 = 492.500 GNF

Keita:

– Base : 7.000.000 – 75.000 = 6.925.000 GNF

– RTS : 200.000 + 192.500 = 392.500 GNF

Zoumanigui:

- Base : 5.000.000 – 75.000 = 4.925.000 GNF

- RTS : 196.250 GNF

Total RTS due : 1.719.750 GNF.

b) RNS

Brut global : 30.000.000 + 5.000.000 = 35.000.000 GNF

RNS : 35.000.000 * 15 % = 5.250.000 GNF

Solde restant à payer au cabinet : (30.000.000 – 5.250.000) = 24.750.000 GNF

Section 4. La Taxe professionnelle unique

Instituée par la Loi de finances pour l'année 1996, la Taxe professionnelle unique sera étudiée dans le présent ouvrage sous l'angle suivant :

- son champ d'application (I) ;
- les modalités de calcul de l'impôt sur le revenu correspondant (II) ;
- les modalités de paiement (III).

I. Champ d'application

La Taxe professionnelle unique est un impôt synthétique (un impôt est dit synthétique lorsqu'il est assis sur des éléments divers). Il s'agit, en réalité, plus d'un impôt que d'une taxe comme l'indique son appellation.

Elle est applicable de plein droit :

- aux personnes physiques ou morales exerçant de manière habituelle des activités commerciales, industrielles ou artisanales ;
- réalisant un chiffre d'affaires annuel hors taxe inférieur à 150 millions GNF.

Cet impôt représente l'instrument prévu par le législateur fiscal guinéen pour fiscaliser les revenus du secteur informel.

Toutefois, certaines contribuables y échappent quand bien même leur chiffre d'affaires annuel hors taxe serait inférieur au plafond fixé. C'est le cas :

- des personnes assujetties à la TVA ;
- des pharmacies et laboratoires d'analyse médicale ;
- des cliniques et cabinets de soins ;
- des gérants de stations et de distributions de produits pétroliers ;

– des exploitants d'usine de production et de fabrication de toutes sortes ;

– des transporteurs et les loueurs de véhicules ;

– des blanchisseries par procédés chimiques ou mécaniques ;

– des laboratoires de photos automatisés ;

– des exploitants d'établissement hôtelier ;

– des marchands d'or et de diamant ;

– des personnes exerçant des activités financières telles que les bureaux de change ou intermédiaires financiers ;

– des commerçants import-export ;

– des professions libérales ;

– des exploitants de cinémas et les locations de cassettes vidéo ;

– des boulangeries et pâtisseries modernes ;

– des restaurants, bars, dancing ;

– des briqueteries modernes ;

– des prestataires et/ou fournisseurs de l'État et des collectivités décentralisées.

Précisions

Exemptions. Du fait de l'assujettissement à la TPU, les contribuables sont dispensés de s'acquitter des droits suivants : la patente, l'impôt sur les sociétés, l'impôt minimum forfaitaire, l'impôt sur les BIC et la TVA.

Droit comparé. Dans le droit fiscal béninois, le plafond est fixé par arrêté du ministre des Finances et non par le code général des impôts lui-même comme c'est le cas en Guinée, et y sont visées toutes les activités professionnelles alors que le droit fiscal guinéen limite son champ d'application aux activités commerciales, industrielles, artisanales. De même, le droit fiscal ivoirien permet aux contribuables relevant du régime de l'impôt synthétique — l'équivalent de la taxe professionnelle unique en Guinée — d'opter, avant le 1er février de chaque année, pour le régime du bénéfice réel simplifié d'imposition.

II. Détermination

La taxe est due par établissement professionnel, tout comme l'est la patente. Elle est liquidée au taux de 5 % assis sur le chiffre d'affaires réalisé au cours de l'année précédente qu'il s'agisse de ventes de biens ou de services.

III. Paiement

Pour l'établissement de la taxe, il est institué deux régimes d'imposition :

A. Le régime déclaratif

Les contribuables qui souhaitent s'inscrire dans ce régime fiscal doivent déposer, au plus tard le quinze (15) février de chaque année, une déclaration au service des Impôts du lieu d'exercice de leur activité et procéder au paiement de la taxe.

La déclaration doit indiquer, outre les éléments de son identité juridique et fiscale, le montant du chiffre d'affaires réalisé durant l'année de référence, et le montant de la taxe professionnelle unique alors due.

B. Le régime de l'évaluation administrative

Les contribuables n'ayant pas déposé de déclaration à la date du quinze (15) février N+1 sont automatiquement considérés comme étant soumis au régime de l'évaluation administrative.

Le chiffre d'affaires imposable est déterminé par le service des impôts sur la base des éléments dont il a connaissance (les chiffres d'affaires précédents, le matériel d'exploitation, la nature de l'activité, la clientèle, etc.).

L'évaluation peut faire l'objet de contestation par le contribuable sur la base des livres comptables (achats et ventes).

Dans tous les cas, la taxe devient immédiatement exigible au-delà du quinze (15) février.

CHAPITRE 2

LA TAXE SUR LA VALEUR AJOUTEE

Notre étude de la Taxe sur la Valeur ajoutée en droit fiscal guinéen portera sur :

– Le champ d'application (Section 1) ;

– La TVA collectée (Section 2) ;

– La TVA déductible (Section 3) ;

– Le paiement (Section 4) ;

– Le remboursement (Section 5) ;

– La régularisation (Section 6) ;

– Les obligations (Section 7).

Section 1. Champ d'application

Dans le souci de mieux comprendre le champ d'application de cette taxe, il convient de faire un rappel :

– du mécanisme d'activation (I) ;

– et des règles d'assujettissement prévues par les textes (II).

I. Mécanisme

La Taxe sur la Valeur ajoutée (TVA) n'est pas seulement une taxe, mais également un instrument d'appréciation de la valeur nette créée par un assujetti, c'est-à-dire le supplément de valeur généré par son activité de fait de l'utilisation ou transformation d'une matière première ou de la fourniture d'une prestation de services. La valeur ajoutée se présente donc comme un indicateur économique de création de richesse par une entreprise et la TVA est assise sur cette richesse sans que cela n'affecte la situation de l'entreprise.

Pour assurer la neutralité du processus pour l'entreprise, la loi rappelle que toute entreprise qui se voit facturer de la TVA sur les biens ou services qu'elle utilise pour les besoins de son exploitation, est autorisée à imputer cette dernière sur la TVA qu'elle-même collecte auprès de ses propres clients. Au final, la charge fiscale correspond bien à la taxe calculée sur le prix de vente final exigé de celui-ci ; autrement dit, le montant de la TVA nette à payer est bien égal au produit résultant du taux de la TVA appliqué au montant de la valeur ajoutée produite par l'entreprise.

Pour illustrer ce propos, le lecteur trouvera ci-dessous un exemple relativement simple :

Un ferrailleur achète une barre de métal auprès de son fournisseur à 118 000 GNF TTC. Après transformation de ce métal en portail de luxe, il met le portail en vente à 300 000 GNF HT. Observons la neutralité de la TVA :

- le fournisseur devra garder ses 100 000 GNF HT et reverser 18 000 GNF à l'Administration fiscale au titre de la TVA collectée par lui sur le ferrailleur.

- Le ferrailleur devra inscrire ces 18 000 GNF dans ses livres comptables au titre de la TVA déductible et en demandera le remboursement à l'Administration fiscale. À ce stade déjà, on peut déjà l'impact nul pour l'État puisqu'il reçoit d'un côté et paie de l'autre.

- Le ferrailleur devra, à son tour, collecter 54 000 GNF de TVA auprès de ses clients et les reverser à l'Administration fiscale. Il devra alors reverser pour le portail vendu : 54 000 – 18 000 = 36 000 GNF correspondant à la TVA nette à payer.

- Au final, le montant réglé à l'Administration fiscale équivaut au montant de la taxe calculée sur la valeur ajoutée réellement dégagée par l'entreprise sur la fabrication et vente de ce portail. Cette valeur ajoutée correspond à la différence entre le prix de vente HT du portail et le prix HT de la matière première qui a servi à sa fabrication : (300 000 – 100 000) x 18 % = 36 000 GNF.

II. Assujettissement

Sont normalement soumises à la TVA toutes les affaires réalisées en République de Guinée non expressément exonérées, alors même que le domicile ou la résidence de la personne physique ou le siège social de la société assujettie seraient situés en dehors de la Guinée.

A. Territoire

Au sens de l'article 363 du CGI, une affaire non expressément exonérée par les textes est réputée réaliser en Guinée :

- s'il s'agit d'une vente : lorsque celle-ci est réalisée aux conditions de livraison de la marchandise en Guinée ;
- s'il s'agit de transports internationaux : les opérations sont réputées faites dans l'État du lieu de résidence habituelle s'il s'agit d'un transporteur individuel, ou du lieu du siège s'il s'agit d'une société, alors même que le principal de l'opération s'effectuerait hors de cet État ;
- s'il s'agit d'une prestation de service : lorsque la prestation est effectuée ou rendue en Guinée, que le prestataire y dispose ou non d'un établissement stable.

Le contribuable non résident est tenu de désigner un représentant solvable accrédité résident sur le territoire Guinéen. Ce représentant, qui doit être lui-même assujetti à la TVA, est solidairement responsable avec lui du paiement de la taxe à l'Administration fiscale. À défaut, la TVA doit être payée par le client pour le compte du fournisseur ou prestataire.

B. Nature des opérations

Sont soumises à la TVA, les opérations relevant d'une activité économique effectuées à titre onéreux par un assujetti. Dès lors, l'assujettissement à la TVA est déterminé par la nature des opérations effectuées, indépendamment de la situation personnelle de l'assujetti ou du client.

Sont considérées comme entrant dans la définition de l'activité économique soumise à la TVA, les opérations suivantes :

- les livraisons des biens (vente, échange, apport en société…) ;
- les prestations de services (location, transport, études, conseil…) ;
- les subventions à caractère commercial ;
- les livraisons à soi-même de biens et services ;
- les importations de biens ou de marchandises.

Par activité économique, il faut comprendre activité industrielle, commerciale, non commerciale, artisanale, agricole, extractive ou forestière et c'est la réalisation, à titre habituel ou occasionnel, d'une activité économique, exercée à titre onéreux, qui constitue l'élément déterminant de l'assujettissement à la TVA. Le caractère onéreux s'apprécie par le fait que l'opération effectuée comporte une contrepartie sous forme d'argent ou en nature.

En revanche, si le caractère onéreux des opérations caractérise une activité économique, peu importe le but recherché. La seule réalisation d'opérations économiques, même sans but lucratif, confère à son auteur la qualité d'assujetti.

Précisions

Ventes. La notion de réalisation s'apprécie suivant plusieurs critères : le lieu de départ du bien, le lieu d'arrivée, la qualité de l'importateur, l'état de réception du bien.

Apports en société. Sont soumis à la TVA les apports en nature de biens dont la vente entre normalement dans le champ d'application de cette taxe.

Indemnités et subventions. Les indemnités, les subventions y compris les aides interentreprises ou encore les dons sont normalement imposables à la TVA lorsque les sommes correspondantes viennent en rémunération d'une prestation de services ou une livraison de biens. Ils sont également imposables lorsqu'ils représentent une forme de complément de prix d'opérations imposables puisque la loi fait clairement référence à leur caractère commercial. Ainsi, seules les subventions constituant la contrepartie d'une opération imposable ou un complément de prix d'une telle opération doivent supporter la TVA.

Livraisons à soi-même. La livraison à soi-même est l'opération par laquelle une personne obtient, avec ou sans le concours de tiers, un bien ou une prestation de services à partir d'éléments lui appartenant, que le bien ou le service soit affecté aux besoins de l'entreprise ou à des besoins autres que ceux de l'entreprise. Par exemple, une société qui souhaite acquérir un nouveau bien destiné à l'exploitation va soit l'acheter sur le marché, soit le fabriquer par ses propres moyens. C'est dans ce dernier cas qu'on parle de livraison à soi-même, en ce sens que la fiscalité considère la société à la fois comme étant le fournisseur et l'acquéreur du bien.

Droit comparé. La jurisprudence européenne rappelle que doit exister un lien direct entre le service rendu et la contre-valeur reçue (CJCE, arrêt du 8 mars 1988, aff. 102/86, Apple and Pear Development Council) pour l'intégration d'une opération dans le champ d'application de la TVA.

C. Assujettis

Sont assujetties à la TVA, quel que soit leur statut juridique et leur situation au regard des autres impôts, la forme ou la nature de leurs interventions, les personnes physiques ou morales, y compris les collectivités publiques et les organismes de droit public, qui réalisent, à titre habituel ou occasionnel, et d'une manière indépendante, des opérations imposables entrant dans le champ d'application de la taxe, et accomplies dans le cadre d'une activité économique effectuée à titre onéreux.

Dès lors, ne sont pas concernées les personnes qui n'agissent pas d'une manière indépendante, comme c'est le cas des salariés et des autres personnes qui sont liés par un contrat de travail écrit ou verbal créant des liens de subordination avec un employeur, y compris les travailleurs à domicile.

En application des textes, l'assujettissement s'opère en raison soit du chiffre d'affaires réalisé, soit de la nature de l'activité exercée.

D. Chiffres d'affaires

Sont assujetties de plein droit toutes les personnes physiques ou morales qui, à titre habituel ou occasionnel, réalisent un chiffre d'affaires annuel hors taxes égal ou supérieur à 500 millions GNF et ce, qu'il s'agisse de livraison de biens ou de prestation de services. C'est le cas également des nouveaux assujettis qui investissent au moins 500 millions GNF dans des immobilisations devant servir à des opérations soumises à TVA.

Cependant, est assujettie, sur option, toute personne physique ou morale qui réalise un chiffre d'affaires annuel compris entre 150 millions et 500 millions GNF.

Précisions

Entreprises nouvelles. Les entreprises nouvelles peuvent être assujetties à la TVA sur demande, à compter du 1er jour du mois qui suit celui au cours duquel leur chiffre d'affaires cumulé depuis le 1erjanvier de l'année dépasse 60 millions GNF, ou lorsque le montant des investissements excède 500 millions GNF. Préalablement à la demande d'assujettissement, les entreprises doivent être à jour de toutes leurs obligations fiscales et présenter leurs documents comptables justifiants de leur chiffre d'affaires réalisé depuis le début de leur activité.

E. Activité

Les activités ci-après exercées par des personnes physiques ou morales, quelle que soit leur situation au regard des autres impôts et le niveau de leur chiffre d'affaires, entrent également de plein droit dans son champ d'application :

- le transit ;
- le transport de produits pétroliers ;
- l'hôtellerie et pension d'au moins 10 chambres ;
- la blanchisserie moderne ;
- l'imprimerie moderne ;
- la menuiserie moderne ;
- la construction immobilière et de travaux publics ;
- les supermarchés ;
- les commerçants et importateurs de boissons alcoolisées et cigarettes.

Section 2. TVA collectée

Sera traitée dans cette section :

- les opérations imposables (I) ;
- les opérations exonérées (II).

I. Opérations imposables

Sont soumises à la TVA, toutes les affaires réalisées en Guinée non comprises dans la liste des exonérations. La taxe est ainsi collectée selon les règles relatives aux notions de fait générateur, exigibilité, base d'imposition et taux.

A. Fait générateur

L'appréciation du fait générateur dépend de l'opération en cause :

La livraison pour les ventes, échanges et travaux à façon ;

L'exécution des services et travaux en ce qui concerne les prestations de services et les travaux immobiliers ;

Le franchissement du cordon douanier pour les importations ;

La première utilisation ou mise en service pour les livraisons à soi-même de biens ou de services ;

L'encaissement du prix en ce qui concerne les autres affaires.

B. Exigibilité

Quant à l'exigibilité, elle intervient lorsque les évènements ci-dessous se produisent :

La mise à la consommation pour les importations ;

Les livraisons y compris les livraisons à soi-même pour les ventes ;

L'encaissement du prix ou des acomptes pour les prestations de services et les affaires réalisées avec l'État ou les collectivités locales ; la date d'échéance de l'effet en cas d'escompte d'un effet de commerce.

Précisions

Escompte d'effets de commerce. Un effet de commerce est un moyen de paiement à terme échangeable dont l'étude relève normalement du droit commercial et du droit bancaire. Ce qu'il faut noter, c'est qu'il n'existe pas véritablement de règlementation locale régissant cette catégorie de moyen de paiement pourtant courant dans le monde des affaires. Il est peut-être venu le temps de moderniser le droit guinéen en mettant fin à cette insuffisance juridique.

En attendant, pour le lecteur qui souhaite en savoir plus, il faut savoir que l'escompte d'un effet de commerce est une technique de financement qui permet à une entreprise d'obtenir de sa banque une ligne de crédit à court terme, en contrepartie de la cession de l'effet de commerce détenu sur un client. Son utilisation implique la participation de trois acteurs : celui qui l'émet c'est-à-dire le tireur, celui qui reçoit l'ordre de payer, c'est-à-dire le tiré (généralement une banque), et le bénéficiaire appelé le porteur.

C. Assiette

L'assiette d'imposition de la TVA est suffisamment vaste. Elle est constituée :

– des sommes ou valeurs perçues ;

– des biens ou services perçus ;

– des subventions perçues ;

– des frais, taxes et prélèvements de toute nature y afférents à l'exclusion de la TVA elle-même.

La base d'imposition est constituée :

• pour les prestations de services : par le prix des services ou la valeur des biens ou services reçus en paiement, y compris celle des biens incorporés dans l'exécution du service ;

• pour les ventes et échanges de biens : par le montant de la vente ou la valeur des biens reçus en paiement ;

• pour les importations : par la valeur en douane augmentée des droits et taxes de toute nature perçus par la douane ;

• pour les travaux immobiliers : par le montant des mémoires, marchés ou factures ;

• pour les livraisons ou prestations à soi-même : par leur prix de revient ;

• pour les biens d'occasion : par la différence entre le prix de vente et le prix d'achat ;

• pour les marchés de l'État financés par le budget public, les prêts ou aides extérieures : par le montant des marchés toutes taxes comprises hors TVA ;

• pour les marchés concernant les établissements publics à caractère industriel, commercial, scientifique, technique et administratif, les collections et organismes de droit public jouissant ou non de la personnalité juridique et de l'autonomie financière : par le montant des marchés toutes taxes comprises hors TVA.

Sont exclus de l'assiette d'imposition les éléments ci-dessous :

• les escomptes de caisse, remises, rabais, ristournes et autres réductions de prix consenti, s'ils bénéficient effectivement et pour leur montant exact au client ;

• les débours qui sont facturés pour leur montant exact au client si les conditions suivantes sont remplies par l'intermédiaire : agir en vertu d'un mandat préalable et explicite, rendre compte exactement à son commettant des dépenses effectives et justifier du montant exact des débours.

• La marge de détail prévue dans la structure des produits pétroliers sur l'essence, le gazole et le pétrole ;

• les sommes perçues à titre de consignation lors de la livraison d'emballages identifiables, récupérables et réutilisables.

Précisions

Intérêts et assimilés. Sont normalement exclus de la base imposable, les intérêts moratoires dont l'objet est de réparer un préjudice subi par le fournisseur.

Droit comparé. Pour être soumises à la TVA, les indemnités n'ayant pas le caractère de dommages-intérêts doivent constituer la contrepartie d'une prestation de services individualisée rendue à celui qui la paie, selon une jurisprudence française devenue constante (jurisprudence constante du Conseil d'État français (arrêts Sofah et SA Polyclad Europe).

Par ailleurs, un abattement non significatif de 20 000 GNF est appliqué à la base d'imposition pour les fournitures d'eau et il est de 50 000 GNF pour les fournitures d'électricité.

D. Taux

La fiscalité guinéenne prévoit deux taux applicables aux opérations soumises à TVA :

- un taux de 20 % pour les opérations de droit commun ;
- un taux de 0 % pour les exportations et transports internationaux.

II. Opérations exonérées

Comme précédemment mentionnées, les affaires comprises dans la liste des exonérations ne supportent pas de TVA. Il s'agit exclusivement des opérations suivantes :

- les ventes et importations de timbres au profit du budget de l'État ;
- les intérêts, agios et autres produits perçus par les banques et établissements de crédit (pour une certaine doctrine, se fondant sur la pratique administrative, il est permis de l'étendre aux opérations passibles de la taxe sur les contrats d'assurance) ;
- la transmission de biens immobiliers et de biens meubles corporels passibles de droits d'enregistrement, à l'exception de celles effectuées par les marchands de biens ou celles de crédit-bail ;
- les locations de terrains non aménagés et de locaux nus ;
- les ventes, importations, impressions et compositions de publications périodiques imprimées principalement composées de textes

relatives aux nouvelles et aux informations d'intérêt général à l'exclusion des recettes de publicité ;

- les opérations à caractère social, éducatif, sportif, culturel, philanthropique ou religieux rendues par des organismes sans but lucratif dont la gestion est bénévole et désintéressé, sauf lorsqu'elles se situent dans un secteur concurrentiel ;
- les ventes de biens d'occasion faites par les personnes qui les ont utilisés pour les besoins de leur exploitation ;
- les produits de consommation suivants : riz, blé, pain, huile alimentaire, huile palmiste et poissons ;
- les produits pharmaceutiques, engrais et produits phytosanitaires, livres et fournitures scolaires ;
- les opérations d'amarrage, de remorquage, de pilotage portuaire des navires pour l'embarquement des marchandises à l'exportation ;
- les opérations de transit, d'embarquement et de transbordement sur marchandises destinées à l'exportation.

Si ces opérations sont exonérées de TVA, il n'en demeure pas moins qu'elles restent dans son champ d'application.

Section 3. TVA déductible

Nous traiterons les différents points suivants :

- les conditions de déductibilité (I) ;
- les cas où la déductibilité n'est pas autorisée par les textes (II) ;
- et des cas où elle ne l'est que partiellement (III).

I. Conditions de déductibilité

En contrepartie de l'obligation qu'ils ont de collecter la TVA auprès de leurs clients, les professionnels peuvent récupérer la TVA supportée sur leurs achats réalisés dans le cadre de leur activité. Au final, grâce au mécanisme de la TVA dont des explications sont fournies plus haut, seule la TVA correspondant à la valeur ajoutée réellement créée par le contribuable est reversée à l'Administration fiscale. C'est ce qu'on appelle la TVA nette à payer.

Cependant, il existe une limite à cette règle dès lors que l'exercice du droit à déduction ne peut se faire que dans le respect des conditions suivantes :

- la TVA déductible doit être justifiée par une facture établie conformément aux dispositions de l'article 383 du CGI ;
- la TVA supportée ne peut être déduite avant qu'elle ne soit exigible chez le fournisseur ou prestataire qui l'a facturée ;
- les biens et services achetés doivent être nécessaires à l'exploitation, utilisés conformément à ses besoins et affectés à des opérations entrant dans le champ d'application de la TVA. Lorsque les biens et services sont affectés à des opérations mixtes, la TVA n'est déduite que partiellement par application d'un coefficient de déduction.
- le contribuable doit tenir une comptabilité régulière.

<u>Précisions</u>

Facture conforme. Les mentions obligatoires à faire apparaître sur une facture sont :

– le nom, l'adresse et numéro d'identification fiscal de celui qui facture et du client ;

– le montant des opérations hors taxes ;

– le montant de la TVA et le taux applicable.

– Le montant toutes taxes comprises.

II. Exceptions

Bien que répondant aux conditions générales de déduction, certains achats de biens ou services en sont expressément exclus. Il s'agit limitativement :

- des dépenses de logement et d'hébergement sauf celles supportées, au titre de leur activité imposable, par les professionnels de l'hôtellerie ;
- des dépenses de spectacle sauf celles supportées, au titre de leur activité imposable, par les professionnels du spectacle ;
- des dépenses de restauration et de réception sauf celles supportées, au titre de leur activité imposable, par les professionnels de la restauration ;
- des dépenses de location des véhicules et de transport de personnes ;
- les importations des biens et marchandises réexpédiées en l'état ;
- les biens cédés sans rémunération ou moyennant une rémunération très inférieure à leur prix normal ;
- les services se rattachant à des biens exclus du droit à déduction ;
- les produits pétroliers, à l'exception de ceux utilisés par des appareils fixes comme combustibles ou agent de fabrication dans les entreprises industrielles, et ceux importés par les distributeurs agréés et pour lesquels la TVA a été acquittée au cordon douanier ;
- les dépenses téléphoniques qu'elles soient à usage privé ou professionnelles, sauf celles effectuées par les compagnies de téléphonie ;
- les achats de véhicules ou engins aménagés pour le transport de personnes, ou pour un usage mixte, quelle

que soit leur nature, ainsi que les pièces détachées, accessoires ou services relatifs à ces biens, sauf les acquisitions de véhicules routiers, de transport public de personnes comportant au moins 9 places assises et destinées exclusivement au transport du personnel, et les immobilisations des entreprises de location de véhicules ou de transport public de personnes.

III. Déduction partielle

Les entreprises qui ne sont pas assujetties à la TVA pour l'ensemble de leurs activités ont la qualité d'assujettis partiels. Un assujetti partiel est une personne assujettie à la TVA qui réalise des opérations mixtes, c'est-à-dire d'opérations entrant dans le champ d'application de la TVA et des opérations hors champ d'application.

Ces contribuables ne sont autorisés à déduire qu'une fraction de la TVA supportée lors des achats des biens et services bénéficiant du droit à déduction. La règle est assez simple :

- lorsque les biens ou services sont utilisés exclusivement pour des opérations situées hors du champ d'application de la TVA, celle-ci n'est pas déductible ;
- lorsque les biens ou services sont utilisés exclusivement pour des opérations entrant dans le champ d'application de la TVA, celle-ci est entièrement déductible ;
- pour les biens ou services destinés à un usage mixte (par exemple, une photocopieuse collective), la TVA n'est déductible que pour la part d'utilisation du bien pour des opérations imposables à la TVA.

Ainsi, dans ce dernier cas de figure, pour parer à toute complication dans la détermination de cette part proportionnelle, les textes fournissent une clé de répartition au moyen de la formule ci-après :

Coefficient de déduction = Total des opérations soumises à la TVA/Totalité du chiffre d'affaires réalisé.

La TVA supportée ne peut être déduite par l'assujetti partiel qu'à hauteur de :

– 100 % si le rapport est supérieur à 0,9 ;

– 80 % si le rapport est supérieur à 0,70 et inférieur ou égal à 0.9 ;

– 60 % si le rapport est supérieur à 0,50 et inférieur ou égal à 0.7 ;

– 40 % si le rapport est supérieur à 0,30 et inférieur ou égal à 0.5 ;

– 0 % si le rapport est inférieur à 0.3.

Précisions

Prorata. Sont à exclure de la formule de calcul les éléments ci-dessous :

- les livraisons à soi-même et les subventions d'équipement non taxables ;
- les indemnités ne constituants pas la contrepartie d'une opération soumise à la TVA ;
- les remboursements de débours.

Section 4. Paiement

Après diminution de la TVA collectée par la TVA déductible, le résultat donne soit une TVA nette à payer, soit un crédit de TVA à reporter sur le mois suivant. Le paiement de la TVA nette à payer, sous peine de sanctions, doit être effectué auprès de l'Administration fiscale au plus tard le quinze (15) de chaque mois pour les opérations réalisées le mois précédent.

Outre des pénalités de retard de 2 % par mois, les sanctions varient selon la nature du manquement, notamment :

- déclaration tardive, défaut de déclaration ou déclaration inexacte : le taux de majoration varie de 10 % à 50 % selon les cas, et risque de perte du report de crédit ;
- majoration du crédit : le contribuable risque une majoration de 10 % du surplus déclaré ;
- vente sans facture ou facture non conforme : l'amende peut être égale au double du montant.

Précisions

Retenue à la source. Désormais, il est fait obligation aux entreprises publiques, aux sociétés minières, aux sociétés pétrolières et aux sociétés de téléphonie de précompter la moitié de la TVA facturée par leurs prestataires et fournisseurs pour la reverser directement à l'État.

Section 5. Remboursement

Les règles de remboursement de la TVA par l'État au contribuable obéissent à des règles strictes. De façon générale, la TVA finalement due par l'État ne fait pas l'objet d'un remboursement pécuniaire au contribuable. Elle fait plutôt l'objet d'un report du crédit de TVA d'un mois à l'autre.

Cependant, le législateur a prévu des mécanismes particuliers pour certaines opérations :

- Biens constituant des immobilisations et ouvrant droit à déduction, qu'ils soient acquis ou importés au cours du trimestre civil : le remboursement est obtenu après trois (3) mois consécutifs de crédit de TVA, et seulement si la TVA supportée pour ces biens dépasse 100 millions de GNF ;

- Assujettis réalisant exclusivement des activités d'exportation : le montant du crédit faisant l'objet du remboursement ne peut excéder le montant de la TVA calculée fictivement par application du taux en vigueur au montant des exportations réalisées au cours du mois. Le remboursement n'est possible qu'après trois (3) mois de crédit consécutifs.

- Compagnies minières : la demande de remboursement est possible dans les quinze (15) jours du mois suivant la constatation dudit crédit, dans le respect de la procédure prévue à cet effet et développée dans la section traitant du régime fiscal issu du Code minier, sauf pour les consommations domestiques d'eau et d'électricité, les importations ou achats locaux de denrées alimentaires et autres produits et biens destinés à la recherche ou à l'exploitation minière et les consommations téléphoniques à usage privé ou professionnel.

Section 6. Régularisation

Lorsque certains évènements se produisent et affectent la vie d'un bien dans l'entreprise, bien pour lequel le contribuable a été remboursé par l'État de l'intégralité de la TVA supportée au moment de son acquisition, le contribuable doit reverser une fraction de la TVA remboursée par l'État.

En effet, les éléments obligeant le contribuable à rembourser une partie de la TVA précédemment déduite dans son intégralité, sont les suivants :

– la sortie d'une immobilisation de l'actif immobilisé de l'entreprise ;

– la modification du bien au regard du droit à déduction ;

– le changement d'utilisation avant la fin de la troisième année qui suit celle de l'acquisition.

Le montant de la part à reverser à l'État est égal au montant de la déduction diminué d'un cinquième par année écoulée depuis la date d'acquisition du bien.

Lorsque la régularisation est exigée suite à la cession du bien, le montant reversé au Trésor public par le vendeur peut être récupéré par l'acquéreur.

Cette déduction est subordonnée à la remise, par le vendeur, d'une attestation mentionnant le montant de la taxe déductible au bénéficiaire.

Section 7. Obligations

Les personnes assujetties à la TVA sont soumises à des obligations particulières, notamment :

- produire une déclaration d'existence dans les trente (30) jours qui suivent le démarrage des activités et se faire immatriculer au Service des Grandes Entreprises ou au Service des Moyennes Entreprises à la Direction générale des Impôts ;
- déclarer et reverser spontanément, au plus tard le quinze (15) de chaque mois, la TVA relative au mois précédent ;
- tenir à jour les documents comptables exigés par la loi et les conserver pendant au moins dix (10) années ;
- afficher, de façon visible et lisible, le numéro d'immatriculation fiscale sur l'entrée principale du siège social ;
- faire apparaitre clairement sur tout document tant le numéro d'immatriculation fiscal que tout élément d'information permettant de les localiser (numéro de

téléphone, siège social, numéro de compte bancaire…).

Cas de Synthèse

1.Énoncé :

La société ABC qui évolue dans l'assistance technique aux entreprises de téléphonie réalise, au titre du mois de mars 2016, les opérations suivantes :

- Report de crédit de TVA de 5.000.000 GNF
- Règlement du client GHI : 17.700 $ TTC au taux BCRG de 7.000 GNF
- Règlement d'un fournisseur dont le numéro d'identification fiscal reste inconnu : 35.400.000 GNF avec TVA
- Règlement des frais d'hôtel remboursés à un de ses employés. Le numéro d'identification fiscale est bien connu : 2.500.000 GNF TTC.
- Règlement d'une facture conforme d'achat de matériel informatique : 5.900.000 GNF TTC.

2. Corrigé :

TVA collectée : 18.900.000 GNF [(17 700 * 7000) - (17 700 * 7000 /1,18)]

TVA déductible : 900.000 GNF (achat du matériel informatique)

TVA nette à payer : 18.900.000 – 900.000 – 5.000.000 (report) = 13.000.000 GNF.

CHAPITRE 3

LES IMPOTS LOCAUX

Le titre ci-dessus renvoie à l'étude des impôts locaux prévus par le législateur fiscal guinéen. Nous étudierons, ici, essentiellement, les deux principaux impôts locaux que sont :

– la Patente (Section 1)

– et la Contribution foncière unique (Section 2).

Section 1. La Patente

Notre étude de la patente en droit fiscal guinéen portera sur :

– son champ d'application (I)

– les règles de détermination (II)

– les modalités de paiement (III)

– les obligations déclaratives (IV).

I. Champ d'application

La patente est un impôt direct annuel qui frappe toutes les personnes physiques ou morales exerçant une activité professionnelle en Guinée. Toute personne physique ou morale doit s'acquitter du paiement de la patente dès lorsqu'elle remplit les conditions suivantes :

- Elle exerce une activité professionnelle : au sens de la loi, le patenté doit exercer une des activités professionnelles non explicitement exonérées par la loi, qu'elle soit de nature commerciale, industrielle, artisanale ou civile, licite ou illicite. De même en sont exclues les activités de pure gestion du patrimoine privé et les activités salariées.

- L'exercice de l'activité doit être effectif : la patente n'est due que lorsque l'activité est effectivement exercée par l'assujetti de façon habituelle.

- L'activité professionnelle doit être exercée par un professionnel établi en Guinée. Toutefois, dans le cas des marchés publics exécutés en Guinée, la patente reste du même si le récipiendaire est établi à l'étranger.

Sont affranchis du paiement de l'impôt, les contribuables listés à l'article 320 du CGI notamment :

– les associés des sociétés en nom collectif, des sociétés en commandite et des sociétés anonymes ;

– les sages-femmes, les gardes malades, et les vétérinaires ;

– les éditeurs des feuilles périodiques, les artistes lyriques et dramatiques ;

– les caisses d'épargne et de prévoyance administrées gratuitement, les assurances mutuelles régulièrement autorisées ;

– les personnes propriétaires louant une chambre meublée ;

– les sociétés coopératives agricoles de production et leurs unions pour les opérations qui, entrant dans les usages de l'agriculture, ne donneraient pas lieu à l'application de la patente si elles étaient effectuées dans les mêmes conditions par chacun des adhérents des dites sociétés.

Lorsque les opérations sont effectuées pour le compte d'un tiers dont le patentable n'est pas représentant, ce tiers entre dans le champ d'application de la patente et devient contribuable. Dans ce cas, une imposition distincte est établie au nom du ou des commettants.

II. Détermination

La patente se calcule par établissement et se compose d'un droit fixe et d'un droit proportionnel.

Le contribuable qui exerce plusieurs commerces, industries ou professions dans un même établissement, ne peut être soumis qu'à un seul droit fixe dont le montant ne peut excéder le droit le plus élevé de ceux qu'il aurait à payer s'il était assujetti à autant de droits fixes qu'il exerce de professions.

De même, le patentable ayant plusieurs établissements distincts est passible d'un droit fixe à raison du commerce, de l'industrie ou de la profession exercée dans chacun de ces établissements. Ce droit est fixé par le tableau des patentes figurant au code général des impôts.

À ce droit fixe, vient s'ajouter un droit proportionnel qui est de 10 % ou15%selon le secteur d'activité concerné. Le droit proportionnel assis sur la valeur locative des locaux professionnels servant à l'exercice de la profession— notamment les bureaux, magasins, boutiques, usines, ateliers, hangars, remises, chantiers, terrains de dépôt, ou encore les wharfs —ainsi que sur celle de l'outillage fixe et des installations de toute nature passibles de la contribution foncière unique à l'exception des logements servant d'habitation.

La valeur locative est déterminée selon les cas :

– au moyen des baux authentiques lorsqu'ils existent ;

– ou sur la base du loyer verbalement conclu ;

– ou par comparaison avec des locaux dont le loyer aura été régulièrement constaté ou sera notoirement connu

– ou par voie d'appréciation directe.

En l'absence de baux authentiques, la valeur locative est obtenue après détermination de la valeur vénale égale à 70 % du prix de revient des immeubles et équipements. La valeur locative est ensuite égale à 10 % de cette valeur vénale.

Précisions

Établissement distinct. La patente se calcule par établissement. Est considéré comme étant un établissement, celui qui présente le triple caractère suivant :

- avoir un préposé spécial traitant avec le public même s'il n'a pas la procuration du chef ou de l'agent de maison ;
- comporter un inventaire spécial de leurs marchandises ;
- être situé dans des locaux distincts, alors même que ceux-ci seraient juxtaposés dans le même immeuble à d'autres établissements du même patenté.

Fermeture d'établissement. Dans ce cas, la patente n'est due que pour le passé et le trimestre au cours duquel est survenu le décès, ou la liquidation judiciaire, ou la faillite déclarée, ou l'expropriation ayant donné lieu à la fermeture de l'établissement. Un dégrèvement peut être accordé pour la période de l'année non couverte par l'exploitation sauf cas de fermeture volontaire.

Modification en cours d'année. En cas de changement des locaux professionnels en cours d'année et lorsque ces locaux ont une valeur locative supérieure à celle des premiers locaux, l'administration fiscale peut opérer des réajustements de droits.

Droit comparé. En ce qui concerne les usines et établissements industriels, la patente est calculée sur la valeur locative de ces établissements pris dans leur ensemble et munis de tous les moyens de production. En droit ivoirien, sont explicitement exclus les matériels et outillages de production ainsi que les mobiliers, agencements et installations (article 275 du CGI ivoirien). De même, le droit fiscal ivoirien indique qu'en matière de crédit-bail, le montant à retenir pour la détermination de la valeur des biens inscrits à l'actif au bilan est la valeur d'acquisition au bilan. Il serait souhaitable que le législateur fiscal guinéen se penche sur cette dernière question dès lors que le crédit-bail est devenu un instrument juridiquement reconnu en Guinée.

Wharfs. Le wharf est une plate-forme généralement en bois qui avance dans la mer en étant perpendiculaire au rivage.

Droit proportionnel. Le droit proportionnel est au moins égal au tiers du droit fixe.

Usines et industries. Les usines et établissements industriels bénéficient d'une réduction de 50 % du montant dû, sauf lorsqu'il s'agit d'entreprises conventionnées, ou engagées dans l'extraction de carrières, ou dont l'activité principale est le prélèvement de ressources naturelles.

III. Paiement

La patente est perçue par voie de rôle et payée au plus tard le quinze (15) janvier pour l'année en cours. Pour les entreprises nouvelles, elle doit être payée dans le mois qui suit celui au cours duquel l'activité a réellement commencé.

IV. Obligations

Les contribuables entrant dans le champ d'application de la patente sont tenus au respect de certaines obligations notamment :

- Toute activité professionnelle commencée par un contribuable doit être déclarée dans les trois (3) jours suivants la date d'ouverture auprès du Service des impôts du ressort dans lequel l'activité est exercée. La déclaration donne lieu à la remise d'un certificat de déclaration tenant lieu de formule jusqu'à la réception de l'avis d'imposition appelé également avertissement.
- Chaque année, les contribuables sont tenus de se faire délivrer par le Service des Impôts territorialement compétent, une formule remise contre le paiement intégral du montant de la patente. Cette formule est extraite d'un registre à souches.

Section 2. La Contribution foncière unique

Notre étude de la contribution foncière unique portera sur :

– son champ d'application (I)

– la liquidation de son montant (II)

– les modalités de paiement (III).

I. Champ d'application

Introduite dans le dispositif fiscal guinéen par la Loi de finances pour l'année 1998, la Contribution foncière unique (CFU) désigne la taxe foncière assise sur le patrimoine immobilier des personnes entrant dans son champ d'application. Cet impôt entre dans la définition des impôts synthétiques.

A. Personnes assujetties

Les assujettis à la CFU sont les personnes physiques ou morales, ou les assujettis à l'impôt sur les sociétés ou l'impôt sur les BIC, propriétaires de biens immobiliers au 1er janvier de l'année d'imposition et ce, quel que soit le lieu de situation de l'immeuble.

B. Propriétés imposables

Sont imposables à la CFU toutes les propriétés foncières, qu'elles soient bâties ou non bâties :

1. Les propriétés bâties

Il s'agit notamment des éléments suivants :

- les constructions fixées au sol à perpétuelle demeure, par exemple les maisons, fabriques, manufactures, usines et en général tous les immeubles construits en maçonnerie, fer, bois ou autres matériaux ;
- l'outillage des établissements industriels attaché au fonds à perpétuelle demeure ou reposant sur des fondations spéciales faisant corps avec l'immeuble ;
- de façon générale, toutes installations commerciales ou industrielles assimilées à des constructions.

2. Les propriétés non bâties

Il s'agit des terrains nus à usage commercial ou industriel, tels que les chantiers, les lieux de dépôt de marchandises et autres emplacements de même nature, qu'ils soient occupés par le propriétaire lui-même ou que ce dernier les fasse occuper par un tiers à titre gratuit ou onéreux.

Précisions

Constructions et outillages. Les constructions et outillages attachés à perpétuelle demeure sont des biens mobiliers attachés à un bien immobilier pour y demeurer de façon perpétuelle de telle sorte qu'ils détérioreraient le bâtiment s'ils venaient à être détachés de lui ou, du moins, le détachement laisserait inutilisé un emplacement spécialement destiné à les recevoir.

Exceptions. Sont exclues du champ d'application de la CFU, les propriétés ci-dessous :

– les propriétés appartenant à l'État et aux collectivités locales lorsqu'elles sont affectées à un service public ou d'utilité générale ;

– les édifices et lieux servant à l'exercice du culte ;

– les immeubles à usages préscolaires et scolaires publics ;

– les immeubles à usage préscolaire et scolaire privés lorsqu'ils sont édifiés par les promoteurs.

II. Détermination

La CFU est normalement assise sur la valeur locative annuelle de l'immeuble au 1er janvier de l'année d'imposition, qu'il s'agisse de la valeur réelle ou de la valeur estimée, lorsque l'immeuble est mis en location. En effet, en l'absence d'acte, l'Administration fiscale peut procéder à l'évaluation établie par comparaison avec des locaux dont le loyer aura été régulièrement constaté ou par voie d'appréciation directe. Dans la pratique, l'Administration fiscale pourrait également avoir recours, comme en matière de patente, à la formule prix de revient des immeubles et équipements x 70 % x 10 %.

Par ailleurs, elle est calculée au taux suivant :

– 10 % pour les immeubles occupés par les propriétaires eux-mêmes ;

– 15 % pour les immeubles pris en location.

III. Paiement

L'impôt est acquitté par le propriétaire lui-même puisqu'il est établi à son nom, et ce, au plus tard le trente (30) juin de l'année.

Dans les cas ci-dessous, l'impôt est acquitté par le preneur, ou par l'occupant, ou par tout tiers concerné, par voie de retenue à la source, au nom et pour le compte du propriétaire :

- lorsqu'il est impossible pour l'Administration fiscale d'accéder au propriétaire ;
- dans le cas des baux à construction et baux emphytéotiques ;
- lorsque le locataire une personne morale ;
- lorsque le locataire est un établissement public à caractère industriel ou commercial, une organisation non gouvernementale (ONG) locale ou étrangère, une institution internationale, une représentation ou mission diplomatique et consulaire ou un organisme assimilé ;
- lorsque le propriétaire mandate une agence immobilière, un syndic d'immeubles, un gérant de biens, une société civile immobilière et tout autre intermédiaire immobilier à l'effet de gérer les loyers ;
- lorsque l'immeuble appartient à l'État ou à une collectivité publique et n'est pas affecté à un service public ou d'utilité générale.

Précisions

État des loyers. Toute société assujettie à l'impôt sur les sociétés versant des loyers à un ou des particuliers est tenue de déposer ou d'adresser à l'Administration fiscale, avant le 1er février de chaque année, un état récapitulatif des loyers payés l'année précédente au titre de l'ensemble des immeubles pris en location, et des sommes reversées au titre du prélèvement forfaitaire. Tout manquement à cette obligation déclarative est sanctionné par l'application d'une majoration égale à 10 % des sommes dues au titre de l'année d'imposition.

Portée significative article 272 du CGI. Il parait important de rappeler la portée significative que revêt l'article 272 du CGI puisqu'il dispose que « Tous actes translatifs de la propriété ou de son usage, toute attribution de titre foncier et d'une façon générale, tout acte attribuant un droit de propriété ou d'usage d'un bien taxable n'en porte effet qu'autant qu'il comporte la mention que le propriétaire du bien est à jour de ses obligations au regard de la CFU ».

CHAPITRE 4

LES PROCEDURES FISCALES

Le système fiscal guinéen repose essentiellement sur une sorte de pacte de confiance entre l'Administration fiscale et les contribuables. C'est en cela que le système est, pour l'essentiel, déclaratif. La mission de l'Administration fiscale est de contrôler et, le cas échéant, de rectifier les déclarations fiscales souscrites par les contribuables.

Pour ce faire, elle dispose de prérogatives que lui a accordées le législateur fiscal, au nombre desquels le droit de vérification de comptabilité et le droit de communication. Toutefois, ces prérogatives ne peuvent s'exercer que dans un cadre juridique bien défini, respectueux des droits des contribuables dont la violation peut faire l'objet de recours.

Section 1. Prérogatives de l'Administration fiscale

Les prérogatives de l'Administration fiscale sont de deux sortes :

- le droit de communication (I)
- le droit de vérification (II).

I. Droit de communication

Le droit de communication est une prérogative de l'Administration fiscale lui donnant un droit d'accès aux documents détenus par des personnes soumises à des obligations comptables ou professionnelles, en vue de leur utilisation à des fins de détermination d'assiette ou de contrôle des impôts dus par des tiers.

En effet, selon les textes en vigueur, l'Administration fiscale a le droit de demander que lui soit communiqué tout renseignement ou tout document nécessaire pour le contrôle de l'assiette d'impôt ou de l'impôt lui-même. La demande peut être directement adressée au contribuable lui-même ou à toute personne physique ou morale assujettie au droit de communication, sans que le secret professionnel ne puisse lui être opposé.

Ce droit s'exerce normalement dans les locaux professionnels des personnes physiques et morales concernées – au siège social le plus souvent — à moins que ces personnes physiques ou morales ne fournissent les renseignements par écrit ou remettent leurs documents aux agents contre récépissé.

Très souvent, il se matérialise sous forme d'enquête avec pour objectif la recherche de manquements aux règles et obligations légales, par exemple aux règles de facturation auxquelles sont tenus les assujettis à la TVA. Lors de la première intervention, l'Administration fiscale remet un avis d'enquête dument signé par le Directeur national ou son adjoint au contribuable ou, en son absence, à son représentant. Au terme de l'enquête, les inspecteurs établissent un procès-verbal signé par les inspecteurs en mission et le contribuable lui-même aux termes duquel sont consignés soit les manquements constatés ou, dans le cas contraire, l'absence de manquements.

Toute entrave à l'exercice du droit de communication est passible d'une amende de 1 million GNF et 5 millions GNF pour les missions d'enquête.

En matière d'impôt sur le revenu et impôt sur les BIC, l'Administration fiscale peut demander aux contribuables de fournir, dans un délai de quinze (15) jours, des explications lorsque les éléments contenus dans les déclarations lui apparaissent insuffisants, sous peine de taxation d'Office sans préjudice des pénalités éventuellement applicables.

Précisions

Réception de l'avis. Tout refus de prendre une correspondance de l'Administration fiscale entraîne l'établissement d'un procès-verbal et le refus vaut réception.

Communication. Les établissements bancaires et assimilés, les compagnies d'assurance et assimilées, sont tenus d'indiquer, sur demande de l'Administration fiscale, les soldes, à une date déterminée, des comptes ouverts dans leurs écritures au nom de leurs clients.

De façon générale, les personnes physiques ou morales en relation d'affaires avec le contribuable peuvent se voir demander de communiquer le montant des ventes pour une période donnée lorsque le client exerce lui-même une activité économique.

II. Droit de vérification

Le droit de vérification de la comptabilité de l'entreprise s'exerce sur pièces et sur place. La vérification peut porter sur un ou plusieurs exercices et/ou un ou plusieurs impôts. La vérification peut aussi porter sur les déclarations mensuelles uniquement (on parle de vérification ponctuelle), tout comme elle peut porter sur l'ensemble de la comptabilité (on parle de vérification générale) toutefois, ces prérogatives ne sont pas sans limites pour le bonheur du contribuable.

Section 2. Limite des pouvoirs de l'Administration fiscale

Les limites aux pouvoirs importants de l'Administration fiscale en matière de vérification de comptabilité sont les suivantes :

- la procédure est soumise au respect d'un certain formalisme (I) l'interdiction des doubles vérifications (II) ;

- la prescription des exercices non contrôlés (III) ;
- la période de contrôle est limitée dans le temps (IV).

I. Formalisme obligatoire

La vérification de comptabilité obéit à certaines règles de fond et de forme. En ce qui concerne les règles de forme, il faut souligner que la validité du contrôle est d'abord soumise au formalisme obligatoire de l'avis de vérification.

En effet, avant tout commencement de vérification de comptabilité sur place, l'Administration fiscale doit remettre au contribuable un avis contenant obligatoirement les éléments ci-dessous :

- il doit préciser s'il s'agit d'une vérification de l'ensemble de la comptabilité ou uniquement des déclarations fiscales ;
- bien que cela ne soit pas exigé par les textes, l'Administration fiscale doit laisser au contribuable un temps de préparation suffisamment raisonnable en vue de faciliter le déroulement des opérations de contrôle ; toutefois, dans le cas d'un contrôle inopiné tendant simplement à constater les éléments physiques de l'exploitation, ou de l'existence ou de l'état des documents comptables, l'inspecteur peut remettre au contribuable l'avis de vérification avant le début des opérations ;
- les années ou exercices soumis à vérification ;
- la possibilité pour le contribuable de se faire assister par un Conseil.

II. Interdiction des doubles vérifications

Le contribuable contrôlé au titre d'un ou plusieurs impôts est protégé par l'interdiction des doubles vérifications. Autrement dit, un impôt déjà contrôlé par l'Administration fiscale ne peut faire l'objet d'un nouveau contrôle, sauf dans les trois (3) cas suivants :

– la première vérification a porté sur des opérations bien déterminées, par exemple les salaires ;

– le réexamen des écritures des documents comptables s'avère nécessaire pour instruire les observations et réclamations du contribuable ;

– le contribuable s'est livré à des manœuvres frauduleuses au titre des périodes prescrites.

III. Prescription

L'Administration fiscale peut engager des procédures de vérification de comptabilité jusqu'au 31 décembre de la 3ème année suivant celle au cours de laquelle l'impôt est devenu exigible.

Ce délai est impératif sauf dans les cas suivants :

- lorsque l'existence du contribuable n'a pas été portée à la connaissance des tiers par des publications ou déclarations légales, la prescription ne commence à courir qu'à compter du jour où l'Administration fiscale a pu constater l'existence de l'assujetti au vu d'un acte soumis à l'enregistrement, ou au moyen de documents régulièrement déposés auprès des services fiscaux compétents ;

- toute omission ou insuffisance d'imposition révélée par une instance devant les tribunaux répressifs peut, sans préjudice du délai général, être réparée jusqu'à l'expiration de l'année suivant celle de la déclaration ayant clos l'instance.

Précisions

Interruption. Les délais de prescription sont interrompus par les évènements suivants : les demandes signifiées, le versement d'un acompte, le dépôt d'une demande de réduction de pénalités, la notification de redressements et toute action comportant reconnaissance des contribuables.

Déficits. Lorsque les déficits afférents à des exercices prescrits ont été imputés sur des revenus d'une période non prescrite, le droit d'imposition peut s'étendre aux trois (3) dernières périodes d'imposition. Toutefois, le redressement ne pourra excéder, dans ce cas, le montant des déficits

IV. Durée du contrôle

Sous peine de nullité, la durée de la vérification sur place ne peut excéder six (6) mois en ce qui concerne :

– les entreprises relevant du régime réel d'imposition en matière de bénéfices industriels et commerciaux ;

– les contribuables relevant de l'impôt synthétique ;

– les entreprises relevant de l'impôt sur les bénéfices non commerciaux.

Section 3. Procédure

Les règles de procédures diffèrent selon que le contribuable se trouve :

- dans la phase pré réception de l'Avis de Mise en Recouvrement (I) ;
- dans la phase postérieure à cet évènement (II).

I. De l'Avis de Vérification à l'Avis de Mise en Recouvrement

Après réception de l'Avis de Vérification, les opérations de contrôle donnent lieu, après respect du contradictoire, à une notification d'absence de redressement lorsque les inspecteurs ne relèvent aucun manquement, ou à la remise d'une notification de redressement.

Dans ce dernier cas, la procédure se poursuit soit par imposition d'office (A), soit de façon contradictoire (B).

A. Imposition d'office

Dans la procédure d'imposition d'office, le contribuable est, d'abord, mis en demeure de soumettre ses déclarations fiscales. Ensuite, à défaut d'obtempérer, l'Administration fiscale détermine de façon forfaitaire l'assiette d'imposition ainsi que l'impôt et les pénalités et amendes légales dues.

Aucune discussion ou tentative d'explication ou de défense n'est possible dans la procédure d'imposition d'office contrairement à la procédure contradictoire.

B. Procédure contradictoire

Dans ce cas de figure, l'Administration fiscale transmet au contribuable une notification de redressement soumise au formalisme obligatoire ci-dessous :

– la possibilité pour le contribuable de répondre aux observations de l'Administration fiscale doit lui être précisée ;

– les inspecteurs doivent clairement faire référence à des impôts, droits, taxes, périodes, documents et textes de loi précis pour soutenir leurs positions ;

– le délai de réponse imparti au contribuable doit également lui être communiqué, en l'occurrence trente (30) jours.

En réponse aux observations du contribuable, l'Administration fiscale dispose de trois (3) mois pour répondre à ces observations. En cas de rejet partiel ou total, l'Administration notifie un Avis de Mise en Recouvrement rendant alors exigible le rappel des impôts.

Précisions

Délai. Le silence du contribuable équivaut à une acceptation de sa part.

Point de départ. Le délai de trois (3) mois auquel est tenue l'Administration fiscale pour répondre aux observations du contribuable court à compter de la réception de ses observations. Son silence vaut acceptation tacite des observations du contribuable.

Réception de l'Avis de Mise en Recouvrement. Les prérogatives du Directeur national des Impôts sont relativement importantes lorsqu'un contribuable reste silencieux après réception d'un Avis de Mise en Recouvrement. Ci-dessous quelques exemples :

- les Avis peuvent être publiés dans la presse écrite, radio ou télévisée ;

- le défaut ou l'insuffisance de paiement des impôts et taxes dans un délai de vingt (20) jours suivant la réception de l'avis peut entraîner : la fermeture administrative temporaire des locaux professionnels, l'utilisation de l'avis à tiers détenteur, la prise de sûretés sur tous les biens et avoirs du contribuable, une interdiction temporaire ou définitive de participer aux marchés de l'État, la saisie des biens meubles corporels ou à la confiscation de véhicules lui appartenant ou appartenant à son dirigeant de droit ou de fait. Dans ces cas, il est demandé au juge d'ordonner la saisie conservatoire des biens meubles lorsque le contribuable organise son insolvabilité, après avis de la Commission d'Appel fiscal.

II. Recours après réception de l'Avis de Mise en Recouvrement

Le contribuable faisant l'objet de redressement fiscal est en droit d'exercer les voies de recours suivantes : un recours amiable (A), un recours consultatif (B) et un recours contentieux (C).

A. Recours amiable

Le recours amiable ou recours gracieux permet au contribuable d'obtenir, selon le bon vouloir de l'Administration fiscale et généralement lorsque la bonne foi du contribuable est établie ou pour atténuer la pression financière pesant sur lui, une remise partielle ou totale du montant des pénalités, ou un échéancier de règlement des droits rappelés.

Le Directeur général des impôts est autorisé à procéder à la transaction entre les droits et les pénalités avec les contribuables vérifiés, sauf lorsque, dans le cadre d'un recours contentieux, le seuil dépasse 100 millions GNF droits simples et pénalités confondit. Au-delà, la compétence est transférée au ministre de tutelle.

B. Recours consultatif

Le recours consultatif s'exerce auprès de la Commission d'Appel fiscal (CAF).

Cependant, selon les textes en vigueur, la CAF n'est compétente que pour les impôts et taxes suivants : la Taxe sur la Valeur ajoutée, la Taxe sur les Assurances, la Taxe sur les Activités financières et l'Impôt sur les Sociétés.

La CAF peut être saisie par le Directeur général des Impôts ou par le contribuable lui-même pour tout différend portant sur l'un des impôts susvisés, sauf ceux relatifs aux procédures fiscales ou traitements de pénalités.

La procédure se déroule dans le respect des règles suivantes :

– au moins deux semaines avant la date prévue, la commission convoque l'Administration fiscale et le contribuable ;

– elle entend ensuite leurs représentants respectifs à huis clos.

Au terme des échanges contradictoires, elle émet un avis sur le bien-fondé légal des impositions et le notifie aux parties.

La saisine de la CAF ne suspend pas l'action en recouvrement.

C. Recours contentieux

La saisine des juridictions compétentes ne suspend pas l'action en paiement. Toutefois, le contribuable peut, sur le fondement de l'article 734 du Code civil guinéen, en demander la suspension lorsqu'il rencontre des difficultés financières rendant difficile ou impossible le paiement des sommes mises en recouvrement.

Le recours est exercé devant les tribunaux par requête du contribuable dans le respect des règles de procédure civile et administrative.

Le jugement rendu par le tribunal de première instance est susceptible d'appel et l'arrêt de la Cour d'appel peut également faire l'objet d'un pourvoi devant la Cour Suprême.

CHAPITRE 5

LES DROITS D'ENREGISTREMENT

Notre étude sur les droits d'enregistrement portera sur :

– La définition et le but de l'enregistrement (Section 1)

– Les cas particuliers relatifs aux opérations courantes d'affaires (Section 2).

Section 1. La définition et le but de l'enregistrement

Les droits d'enregistrement sont des droits fiscaux dont nous tenterons d'exposer :

– la définition (I) ;

– et le but (II).

I. Définition

En droit fiscal, l'enregistrement a un double sens en ce sens qu'il désigne, à la fois, une formalité et un impôt. En effet, l'enregistrement est une formalité accomplie par un fonctionnaire après analyse de la nature juridique d'un évènement donné et c'est ce qui ressort de cette analyse qui permet de dire s'il faut payer un impôt ou non.

De façon générale, les actes les plus importants sont soumis obligatoirement à l'enregistrement soit en raison de la qualité de leur rédacteur (les actes notariés par exemple), soit en raison de l'acte juridique lui-même (l'apport en société, le procès-verbal d'une assemblée, par exemple). Les actes non soumis à une telle obligation peuvent néanmoins faire l'objet d'enregistrement volontaire.

Par ailleurs, les actes des officiers ministériels et officiers publics, les actes sous seing privé et les actes des notaires doivent être enregistrés sans exception dans les trente (30) jours de leur date.

Les droits d'enregistrement se décomposent en droits fixes et/ou droits proportionnels ou progressifs suivant la nature des actes enregistrés.

II. But

La formalité d'enregistrement se matérialise par l'inscription sur un registre dans le but de constituer une preuve et donner une date certaine aux actes établis entre les parties, aux fins d'opposabilité à l'Administration fiscale. Au-delà de ce rôle purement juridique, il va de soi que l'objectif est surtout de procurer des recettes à l'État.

Section 2. Opérations particulières

Les opérations d'affaires généralement réalisées par les personnes physiques ou morales sont soumises au paiement d'un droit fixe de 100 000 GNF. Quant aux droits proportionnels et progressifs, ils sont les suivants :

I. Constitution et dissolution

Le taux pour les actes de constitution de société ou d'apport en capital est de1% du montant du capital, et de 10 % en cas de dissolution, liquidation et prorogation de la durée de vie de la société.

II. Capital et fusion

En cas d'augmentation du capital ou de fusion, le barème est défini par tranche :

– jusqu'à 100 000 000 GNF : 1 %

– de 100 000 001 GNF à 500 000 000 GNF :0,5 %

– au-delà de 500 000 000 GNF : 0,25 %.

En cas de réduction du capital, le taux est de 3 %.

III. Cession de droits sociaux, cession de clientèle, cession de fonds de commerce et cession de créances

Les droits d'enregistrement sont de 10 % pour les cessions d'actions, les cessions d'obligations négociables et les cessions de clientèle et les cessions de fonds de commerce, et 5 % pour les cessions de créances.

IV. Acquisition de biens immobiliers

L'acquisition de biens immobiliers, notamment par les professionnels de l'immobilier, est soumise à un taux d'enregistrement de 10 %. Toutefois, il existe des taux dérogatoires variant de 2 % pour les acquisitions de terrains ou de bâtiments destinés à être démolis en vue de la construction de bâtiments neufs à usage industriel.

V. Les marchés

Les marchés sont soumis à des droits d'enregistrement au taux de 5 %. Toutefois, en cas de nantissement de marché, les taux sont établis selon le barème ci-dessous :

– jusqu'à 10 millions de GNF : 1 %

– de 10 millions à 100 millions de GNF : 0,5 %

– de 100 millions à 1 milliard GNF : 0,25 %

– au-delà de 1 milliard GNF : 0,1 %.

VI. Les baux

Les droits d'enregistrement des contrats de location varient selon la durée du bail. Ils sont de 2 % pour les baux à durée déterminée sur la valeur locative et 14 % pour les baux à durée indéterminée.

VII. Les opérations de financement

Les actes d'ouverture de crédit, c'est-à-dire les prêts, facilités ou découverts, consentis par les établissements bancaires, et les opérations de crédit entre sociétés mères et filiales, sont soumis à des droits d'enregistrement de 0.1 % du montant. En revanche, le taux est de 1 % pour les inscriptions et mainlevées d'hypothèques, ainsi que les nantissements de fonds de commerce ou de matériels.

VIII. Crédit-bail

Les opérations de crédit-bail sont soumises à des droits d'enregistrement de 0,5 %.

CHAPITRE 6

REGIMES SPECIAUX

Le présent chapitre traite de façon simple et concise des régimes spéciaux suivants :

- Les incitations fiscales à l'investissement (Section 1)
- La fiscalité minière (Section 2)
- Le secteur bancaire (Section 3)
- Le secteur des assurances (Section 4)
- Le transport aérien (Section 5)
- Le secteur des jeux (Section 6)
- L'activité touristique (Section 7)
- Le secteur des nouvelles technologies (Section 8)
- Le secteur halieutique (Section 9)
- L'industrie des boissons alcoolisées (Section 10)
- Les droits de douane (Section 11)
- Les marchés publics (Section 12).

Section 1. Les incitations fiscales à l'investissement

En 2015, le législateur a mis à jour les avantages fiscaux accordés aux investisseurs engagés dans des activités autres que les activités de négoce, les activités minières et pétrolières, et les investissements bénéficiant de régimes d'aides.

I. Secteurs d'activité prioritaires

Les secteurs prioritaires sont notamment les suivants :

– l'agriculture et l'élevage, notamment production de cultures vivrières et d'aménagent rural production d'engrais, industries de préparation et de transformation chimique ou mécanique des produits d'origine végétale, animale ou minérale ;

– les activités manufacturières de production ou transformation ;

– la pêche notamment avec installations d'unités de transformation et de conservation ;

– les nouvelles technologies de l'information et de la communication

– la santé et l'éducation ;

– les télé-services ;

– les transports et infrastructures ;

– le tourisme et activité hôtelière ;

– la promotion immobilière à caractère social ;

– les complexes commerciaux, parcs industriels, cyber villages et centres artisanaux.

II. Récapitulatif des avantages fiscaux

Les règles ci-dessous donnent une vision de l'ensemble des dérogations fiscales prévues par le Code des investissements.

Pour son application, le territoire national est divisé en deux zones :

– la zone A regroupant la région de Conakry, les préfectures de Coyah, Dubréka, Forécariah, Boké, Boffa, Fria et Kindia ;

– la zone B regroupant le reste du territoire national.

1. Phase d'installation

Pendant la phase d'installation qui ne peut excéder trois (3) ans à compter de la date de première importation des équipements du projet, la société bénéficie des exonérations suivantes :

- les droits et taxes d'entrée dont la TVA sur l'importation des équipements et matériels, à l'exception des véhicules automobiles conçus pour le transport des personnes. L'exonération ne porte pas sur la Taxe d'Enregistrement (TE) et la Redevance de Traitement et de Liquidation (RTL).
- la patente et la Contribution foncière unique ;
- les taxes sur salaires.

2. Phase d'exploitation

Les matières premières ou intrants importés dans le cadre du cycle de production sont assujettis à la RTL, à un droit fiscal d'entrée et à la TVA. Pour le reste, les avantages sont les suivants :

a)Entreprises implantées dans la zone A

S'agissant de l'Impôt minimum forfaitaire, l'impôt BIC, l'Impôt sur les Sociétés, la contribution des patentes et la Contribution foncière unique, la réduction est de 100 % les deux premières années, 50 % sur les 3ème et 4ème années, et 25 % pour les 5èmeet 6ème années.

Quant au Versement forfaitaire et à la Taxe d'apprentissage, elle est de 100 % les 2 premières années, 50 % sur les 3ème et 4ème années, et 25 % pour les 5ème et 6ème années.

b) Entreprises implantées dans la Zone B

Concernant l'Impôt minimum forfaitaire, l'impôt BIC, l'Impôt sur les Sociétés, la contribution des patentes et la Contribution foncière unique, la réduction est de 100%les 3premières années, 50 % pour les 4ème, 5ème et 6ème années, et 25 % pour les 7ème et 8ème années.

S'agissant du Versement forfaitaire et de la Taxe d'apprentissage, elle est de 100 % les 3premièresannées, 50 % de réduction sur les 4ème, 5ème et 6ème années, et 25 % de réduction de la 7ème à la 10ème année.

Quant aux droits d'enregistrement, 100 % de réduction les 3 premières années, 50 % de réduction sur les 4ème, 5ème et 6ème années, et 25 % de réduction de la 7ème à la 10ème année.

La durée de validité des avantages ci-dessus peut être prorogée pour8 à 10 années supplémentaires lorsque :

- l'investissement a réellement créé plus de 500 emplois ;
- le total des investissements dépasse le seuil de 100 millions USD ;
- l'investissement porte sur les nouvelles technologies innovantes ;
- l'investisseur accroit ses capacités de production et performances.

Section 2. La fiscalité minière

Les avantages fiscaux et douaniers dont bénéficient les entreprises titulaires de titres miniers ou d'autorisations sont propres à chaque titre minier et varient, donc, selon la phase d'activité.

I. Titres miniers et autorisations

Le Code minier classe en carrières et mines les gîtes naturels autres que les hydrocarbures liquides ou gazeux qui, eux, relèvent de la législation pétrolière.

Les substances de carrières sont : les gîtes de matériaux de construction, de matériaux pour l'industrie céramique, de matériaux d'amendement, de sel gemme, et d'autres substances analogues, à l'exception des phosphates, nitrates, sels alcalins, et autres sels associés dans les mêmes gisements, les tourbières.

Les substances minières sont, quant à elles, divisées en six (6) catégories distinctes :

– Catégorie 1 : bauxite et fer

– Catégorie 2 : substances précieuses : or, platinoïdes, diamants, gemmes

– Catégorie 3 : substances métalliques : métaux de base et métaux mineurs

– Catégorie 4 : substances non métalliques

– Catégorie 5 : substances radioactives : uranium, thorium et leurs dérivés

– Catégorie 6 : eaux minérales et thermales.

II. Phases minières

Les phases telles que définies dans le Code minier sont les suivantes : la phase de recherche, la phase de construction et la phase d'exploitation. Chaque phase est réputée se terminer là où commence la phase suivante, et ce même si des activités propres à la phase se poursuivent. La phase d'exploitation est réputée commencer à compter de la date de la première production commerciale.

III. Régimes fiscaux

Il existe des règles applicables à toutes les phases et des règles propres à chaque phase.

A. Droits communs

1. Droits fixes

Le titulaire d'un titre minier ou d'une autorisation est assujetti, pour ses activités en Guinée, au paiement de droits fixes. En effet, l'attribution d'un titre minier ou d'une autorisation ainsi que leur renouvellement, extension ou prolongation sont soumis au paiement d'un droit fixe dont le montant et les modalités sont fixés par voie réglementaire.

2. Redevances superficiaires

Le titulaire d'un titre minier ou d'une autorisation est assujetti, pour ses activités en Guinée, au paiement de redevances superficiaires dont le montant est déterminé en fonction de la superficie mentionnée dans le titre.

Nature du titre	Redevances USD/km²		
	Octroi	1er renouvellement	2ème renouvellement
Permis de recherche	10	15	20
Permis d'exploitation industrielle	75	100	200
Permis d'exploitation semi-industrielle	20	50	100
Concession minière	150	200	300
Permis d'exploitation par dragage	150	200	250

3. Taxes à l'extraction

Les règles diffèrent selon la nature des substances extraites.

a)Extraction des substances minières autres que les Métaux précieux

Tout titulaire d'un titre d'exploitation qui extrait des substances minières autres que des métaux précieux et substances radioactives sont redevable d'une taxe sur cette extraction. Le taux de la taxe varie de 0,075 % pour la bauxite à 5 % pour les diamants bruts de la valeur de la substance minière extraite.

Les métaux précieux sont l'argent, l'or, les platinoïdes, palladium et rhodium.

Elle est exigible au plus tard le quinze (15) du mois qui suit celui au cours duquel s'est produit le fait générateur.

b) Taxe sur la production industrielle ou semi-industrielle des métaux précieux

Tout titulaire d'un titre d'exploitation qui procède à l'extraction de métaux précieux est redevable d'une taxe sur la production industrielle ou semi-industrielle.

Le taux de la taxe sur l'extraction des métaux précieux est fixé à 5 % de la valeur du lingot tel que déterminé à la pesée à la Banque Centrale de la République de Guinée.

La taxe est exigible à la date de la pesée desdits lingots à la Banque Centrale de la République de Guinée.

4. Taxes à l'exportation

Les règles diffèrent selon la nature des substances exportées.

a)Les substances minières autres que les substances précieuses

Les substances minières autres que les substances précieuses exportées à l'état brut par leurs titulaires sans avoir été préalablement transformées en produits semi-finis ou finis en Guinée font l'objet d'une taxe spécifique à l'exportation.

Le taux de la taxe à l'exportation varie de 0,075 % pour la bauxite à 3 % pour l'uranium concentré, de la valeur des substances exportées.

La taxe est exigible au moment de leur exportation. Si le redevable est l'exportateur des substances minières, le déclarant en douane qui agit dans le cadre d'un mandat de représentation reste solidaire de son paiement.

Ceux qui les extraient dans le but exclusif de les exporter à l'état brut, sans les revendre sur le marché intérieur, peuvent solliciter l'application d'un régime de déclaration simplifiée.

b) Les Pierres précieuses et autres Pierres gemmes

Les Pierres précieuses et Pierres gemmes (diamant, émeraude, rubis, saphir, etc.) extraites en Guinée par les titulaires d'un titre d'exploitation minière et qui sont exportées à l'état brut ou taillé font l'objet d'une taxe spécifique à l'exportation.

Le taux est de 3 % pour les pierres précieuses et 1,5 % pour les autres matières. Il est de 5 % pour les pierres d'une valeur unitaire au moins égale à 500 000 USD selon l'estimation faite par le Bureau national d'Expertise. Le taux est diminué de moitié si les Pierres précieuses ou Pierres Gemmes sont exportées après avoir été taillées en Guinée.

La taxe est assise sur la valeur des Pierres exportées déterminée par le Bureau national d'Expertise (BNE) en fonction de la qualité des pierres et de leur carat.

La taxe est exigible au moment de leur exportation. Si le redevable est l'exportateur des substances minières, le déclarant en douane qui agit dans le cadre d'un mandat de représentation reste solidaire de son paiement.

c)La production artisanale d'or, de Pierres précieuses et autres Pierres gemmes

L'or, les pierres précieuses et pierres gemmes extraites en Guinée par les titulaires d'une autorisation d'exploitation artisanale sont soumis, sauf ajustement par arrêté conjoint du ministre en charge des Finances et du ministre en charge des Mines, une taxe dont le taux varie selon la nature de la substance :

– Or : le taux de cette taxe est de 1 % ;

– Diamants d'une valeur unitaire strictement inférieure à 500 000 USD : le taux est de 3 % de la valeur fixée par les experts BNE ;

– Pierres précieuses autres que le diamant, et les Pierres gemmes d'une valeur unitaire strictement inférieure à 500 000 USD : ce taux est fixé à 1,5 % de la valeur fixée par les experts du BNE ;

– Pierres précieuses, y compris les diamants, d'une valeur unitaire égale ou supérieure à 500 000 USD : le taux est de 5 % de la valeur fixée par les experts du BNE.

La taxe est exigible au moment de l'exportation.

5. Autres droits communs

Sauf convention internationale ratifiée par les autorités guinéennes ou dispositions expresses, l'ensemble des dispositions du Code général des Impôts s'applique de plein droit aux miniers notamment en ce qui concerne l'impôt sur le revenu des salariés locaux et expatriés, ou la retenue à la source libératoire de tout autre impôt sur les revenus faite sur les sommes payées en contrepartie des prestations de toute nature délivrée par des entreprises ou personnes non établies en Guinée et qui sont fournies ou utilisées en Guinée.

Les effets personnels c'est-à-dire les effets à usage domestique n'ayant aucun caractère commercial, importé par le personnel expatrié sont exonérés de droits de douane dans la mesure où ils sont importés en quantité raisonnable.

a)Régimes particuliers

Les avantages diffèrent selon la phase dans laquelle se situe le titulaire du titre minier.

6. Phase de recherche et de construction

Les titulaires d'un Permis de recherche bénéficient pendant toute la durée de la phase de recherche et de construction, de l'exonération de :

– la Taxe sur la Valeur ajoutée sur les importations des équipements, matériels, machines et consommables visés par la liste minière préalablement agréée par le ministre en charge des Mines et le ministre en charge des Finances, sauf lorsqu'il s'agit de biens pour lesquels la TVA est non déductible ;

– l'Impôt minimum forfaitaire ;

– la Patente ;

– la Taxe d'Apprentissage et la Contribution à la Formation professionnelle ;

– la Contribution foncière unique.

Les carburants, lubrifiants et autres produits pétroliers importés bénéficient du remboursement de la TVA, dans les limites des quotas annuels fixés par le ministre en charge du Budget.

Selon l'Instruction ministérielle conjointe N° 1976/31JAN.2014 relative au mécanisme de remboursement des crédits de TVA aux entreprises minières, il est prescrit que les demandes de remboursement des crédits de TVA, dûment formulées, soient déposées par les entreprises minières auprès de la DGI au plus tard le quinze (15) de chaque mois. Ces demandes doivent être conformes aux déclarations mensuelles uniques déposées et appuyées des copies de tous les documents supports.

La DGI dispose d'un mois pour exercer les contrôles requis et établir un bulletin de liquidation du montant accepté en remboursement. La DGI est tenue d'informer l'entreprise requérante du montant admis en remboursement et, le cas échéant, des montants rejetés ou suspendus avec indication du motif. Le bulletin de liquidation est transmis à la Paierie Générale du Trésor (PGT) pour mise en paiement. La PGT dispose ensuite d'un délai de cinq (5) jours pour exercer les contrôles requis et engager la procédure de règlement.

Par ailleurs, en matière douanière, les entreprises minières bénéficient du régime de l'admission temporaire pour l'importation des équipements, matériels, machines, matières premières et consommables visés dans la liste minière. Toutefois, les matériaux et pièces de rechange des véhicules utilitaires, nécessaires au fonctionnement des matériels et équipements professionnels figurant sur la liste ne bénéficient pas de l'exonération :

– de la Redevance de traitement des liquidations ;

– de la Taxe d'Enregistrement ;

– du Prélèvement communautaire ;

– des Centimes additionnels.

La phase de recherche est réputée terminée lorsque la construction de la mine commence nonobstant la continuation de toute activité de recherche. Dans ce cas, lorsque la phase de recherche est réputée terminée, les biens ayant bénéficié du régime de l'admission temporaire sortent de ce régime et doivent être réexportés ou, s'ils sont conservés ou revendus en Guinée, donner lieu au paiement de tous les droits et taxes douaniers sur la base d'une évaluation qui tient compte de la dépréciation intervenue jusqu'au jour de la sortie du régime de l'admission temporaire, sauf à vouloir bénéficier des avantages en phase de construction.

7. Phase d'exploitation

Les titulaires d'un titre minier bénéficient de l'exonération de l'Impôt minimum forfaitaire et de la Contribution foncière unique pendant trois (3) ans à compter de la date de la première production commerciale.

Par ailleurs, ces entreprises sont soumises, selon les règles de droit commun, à tous les impôts, taxes et redevances notamment :

– la Taxe sur la Valeur ajoutée à l'exclusion de la TVA à l'importation des biens d'équipement figurant sur la liste minière ;

– aux impôts et taxes applicables à l'importation des carburants, lubrifiants et autres produits pétroliers.

Toutefois, les importations de fioul lourd destiné à l'extraction, à la concentration des substances minières brutes et à la transformation sur place des substances minières en produits semi-finis ou finis sont exonérées de TVA, sous réserve que ce fioul lourd figure sur la liste minière soumise pour la phase d'exploitation de la mine préalablement au commencement de cette phase d'exploitation.

En revanche, en matière de déduction de charges pour la détermination du montant de l'impôt sur les bénéfices, le législateur a prévu certaines dérogations :

– les entreprises minières sont autorisées à pratiquer des amortissements dégressifs conformément aux dispositions du Code général des Impôts ;

– la part annuelle versée dans le Compte fiduciaire de réhabilitation des sites miniers est intégralement déductible ;

– sous certaines réserves, une provision dite « Provision pour reconstitution de gisements »peut être admise en déduction ;

– la Contribution au développement local est intégralement déductible.

Au titre des droits de douane, ces entreprises sont soumises aux droits de douane à l'importation dans les conditions de droit commun, à l'exception des importations de biens figurant sur leur liste minière pour la phase d'exploitation de la mine et bénéficiant des taux préférentiels (5 % pour les équipements de transformation sur place et 6,5 % pour les équipements d'extraction).

Section 3. Le secteur bancaire

I. Champ d'application

Introduite par l'article 82 de la Loi de finances pour l'année 1996, la Taxe sur les activités financières (TAF) est applicable aux établissements de crédit reconnus comme tels par le droit bancaire guinéen, c'est-à-dire titulaire d'un agrément délivré par le Comité des Agréments siégeant à la Banque Centrale.

Ainsi, sont soumises à la TAF toutes les opérations qui se rattachent aux activités bancaires, financières et d'une manière générale, au commerce des valeurs et de l'argent, hormis les locations de coffre-fort, les consultations juridiques ou financières et les frais de tenue de compte.

Le commerce de l'argent est constitué par toutes les opérations d'emprunt bancaire classiques ainsi que toutes les transactions sur les devises. Quant au commerce des valeurs, c'est a priori tout ce qui est relatif aux valeurs mobilières c'est-à-dire le commerce des titres.

Toutefois, sont expressément exonérées de la TAF :

– les opérations réalisées par la Banque Centrale dans le cadre de sa mission générale ;

– les intérêts et commissions réalisés par le marché monétaire interbancaire ;

– les intérêts sur les comptes à terme. Un compte à terme est un compte sur lequel les sommes déposées restent bloquées pendant une certaine durée contre une rémunération prévue lors de la souscription.

Par ailleurs, dans la pratique, l'Administration fiscale exclut généralement de l'assiette d'imposition de cette taxe les frais de réouverture de comptes bancaires, les frais de recherche, les frais de dossiers, les frais de saisie, de main levée ou de paiement en matière d'opérations contentieuses, ainsi que les frais de ramassage des fonds.

II. Détermination

Le montant de la TAF est assis sur le montant brut des rémunérations réalisées à l'occasion des opérations imposables.

Les taux sont fixés à 5 % pour les opérations de crédit dont la durée de remboursement est supérieure à un (1) an et 13 % pour les autres opérations.

III. Paiement

Le fait générateur et l'exigibilité sont confondus et correspondent au prélèvement des intérêts, commissions et autres rémunérations par l'établissement de crédit.

Le paiement doit être spontané, au plus tard le quinze (15) du mois suivant celui au cours duquel la taxe est devenue exigible.

Section 4. Le secteur des assurances

I. Champ d'application

Il existe une fiscalité propre au secteur des assurances, une taxe indirecte perçue au titre des conventions d'assurances et des conventions de rentes viagères conclues avec une compagnie d'assurance de droit guinéen ou étranger. La taxe sur les assurances est due, quels que soient le lieu et la date auxquels ces conventions sont ou ont été conclues.

Toutefois, en sont expressément exonérés :

- les contrats d'assurances sur la vie ou de rentes viagères souscrits par des personnes n'ayant pas en Guinée leur domicile fiscal à la date de conclusion du contrat ;

– les autres contrats lorsque le risque se trouve situé en dehors de la Guinée ou ne se rapporte pas à un établissement industriel, commercial ou agricole situé en Guinée (en droit français, à défaut de rapport certain avec un établissement industriel, commercial ou agricole, les risques sont réputés situés au lieu du domicile du principal établissement du souscripteur) ;

– les assurances de crédit à l'exportation ;

– les opérations de réassurance.

II. Détermination

L'assiette de calcul correspond au montant des sommes stipulées au profit de l'assureur et de tous leurs accessoires dont celui-ci bénéficie, directement ou indirectement, du fait de l'assuré, après déduction des annulations et des remboursements constatés au cours de la même période. Ces derniers éléments couvrent également les frais de recouvrement, les frais d'estimation, les frais de gestion, les honoraires, les frais de révision, les remises faites aux agents ou courtiers, les intérêts des primes arriérées ou moratoires, les indemnités de résiliation et les intérêts afférents aux actes d'avances sur police d'assurance-vie.

Les taux d'imposition sont les suivants :

– 20%pour les risques de toute nature de navigation maritime ou fluviale des bateaux de sport ou de plaisance ;

– 8 % pour les risques de navigation aérienne ;

– 5 % pour les assurances-vie et rentes viagères ;

– 12 % pour les autres assurances.

III. Paiement

La taxe est versée par l'assureur ou son représentant au Receveur des Impôts du lieu du siège social, agence ou succursale, au plus tard le quinze(15) du mois suivant.

Lorsque l'assureur n'est pas établi ou représenté en Guinée, la taxe est reversée par l'assuré.

Section 5. Le secteur du transport aérien

Les compagnies de transport aérien ont l'obligation de reverser la taxe sur les billets d'avion, en vols internationaux, émis en Guinée, et collectée auprès des voyageurs. Toutefois, est exonéré de cette taxe le personnel dont la présence à bord est directement liée au vol considéré (il s'agit principalement des membres de l'équipage et agents de sécurité) ;

- les passagers en transit ;
- les enfants de moins de 2 ans ;
- les évacuations sanitaires d'urgence ;
- et enfin les cas de force majeure au sens que lui donne le Protocole de Montréal additionnel à la Convention de Varsovie du 12 octobre 1929 relatif au transport international des personnes, bagages ou marchandises.

Le montant de la taxe est fixé à 2 USD par billet payable dans la monnaie locale au fixing du jour de la Banque Centrale.

La déclaration de la taxe est produite sur un modèle d'imprimé spécial fourni par la Direction générale des Impôts.

Section 6. Le secteur des jeux

Depuis la Loi de finances pour l'année 2011, les organisateurs de jeux de hasard doivent s'acquitter d'une taxe sur les jeux de hasard organisés en Guinée.

Cette taxe indirecte est assise sur le prix de vente des tickets, billets ou recettes de casinos et divers jeux mis à la disposition du public, au taux de 15 %.

L'entreprise qui organise les jeux en est le redevable légal et est tenue de procéder à sa déclaration et paiement, pour un mois donné, au plus tard le quinze (15) du mois suivant.

Section 7. Le secteur du tourisme

Le législateur fiscal a introduit dans le code général des impôts une fiscalité propre aux professionnels du tourisme. Les recettes ou produits résultant de l'application de cette fiscalité constituent les ressources du Fonds de Développement et de Promotion du Tourisme.

Les taxes se répartissent en trois catégories :

- la Taxe de promotion touristique ;
- la Taxe de plage ;
- la Taxe sur la location de véhicules de tourisme.

I. Taxe de promotion touristique

La taxe de promotion touristique est due par toute personne séjournant dans un hôtel ou un établissement assimilé. Son prix est fixe, à savoir 10.000 GNF par personne et par nuitée.

En revanche, le paiement se fait chaque mois par le redevable légal qui n'est autre que l'exploitant de l'établissement d'accueil qui l'intègre alors directement dans son prix. La date limite de paiement est fixée au quinze (15) du mois suivant le mois d'assiette. Un paiement trimestriel — avant le vingt (20) du dernier mois du trimestre civil d'assiette — est permis pour le redevable admis au paiement forfaitaire.

II. Taxe de plage

Toute personne qui séjourne sur une plage publique aménagée devient contribuable ou assujetti au paiement de la taxe de plage.

Sont exclues de ce champ d'application, les personnes ayant leur résidence habituelle sur le site de la plage, sur la plage elle-même ou sur une zone contiguë.

Il est précisé que le simple fait de déambuler sur la plage n'est pas considéré comme un séjour au sens des textes.

La taxe de plage est fixée à 6 000 GNF. Elle est facturée et directement perçue par des agents assermentés.

III. Taxe de Location de Véhicules

Toute personne physique ou morale qui loue des véhicules de tourisme ou à usage mixte, c'est-à-dire à usage de tourisme et utilitaire, est tenue de verser au Trésor public le montant de la taxe facturée au client qui en est le contribuable.

Au sens de la loi, le loueur est la personne physique ou morale qui exerce de façon habituelle, à titre principal ou accessoire, une activité de location de véhicule, avec ou sans chauffeur.

Échappent à la taxe, les locations de véhicules uniquement utilitaires de moins de quatre (4) places et celles de véhicules poids lourds et assimilés.

La taxe doit apparaitre distinctement sur la facture émise et repose sur le principe de l'encaissement. Son montant est fixé à 6 000 GNF par jour de location et par véhicule, bateaux de plaisance ou barque.

Elle est payée chaque mois par le redevable légal au plus tard le quinze (15) du mois suivant.

Section 8. Le secteur des nouvelles technologies de l'information et de la communication

Outre les obligations fiscales de droit commun, le législateur fiscal a prévu des dispositions additionnelles applicables aux acteurs intervenant dans le domaine des nouvelles technologies de l'information et de la communication. Ci-dessous un résumé succinct des règles dont il s'agit :

I. Déclaration mensuelle du chiffre d'affaires

En plus du tableau de la TVA passée en déduction dans la déclaration du mois, les sociétés de téléphonie, les fournisseurs d'accès à internet, etc. doivent également annexer à leurs déclarations mensuelles uniques un état récapitulatif du chiffre d'affaires taxable et non taxable à la TVA déclaré pour le mois. Toutefois, aucune sanction n'est explicitement prévue en cas de manquement par les assujettis à cette obligation.

II. Taxe sur l'Accès au Réseau des Télécommunications

Il est institué une Taxe sur l'Accès au Réseau des Télécommunications, dite loi TARTEL, dont le champ d'application et les modalités de calcul et de paiement sont développés par la Loi de finances pour l'année 2015.

A. Assujettis

Toute personne titulaire d'une licence d'exploitation du réseau des télécommunications ouvert au public délivrée par ou pour le compte de l'État guinéen est soumise au paiement de cette taxe. Seules ces personnes ont la qualité de contribuable, sauf convention internationale contraire, et elles en sont également les redevables légaux.

B. Détermination

L'assiette taxable est constituée par le montant total du chiffre d'affaires hors taxes réalisé par l'assujetti. Le taux de la taxe est lui fixé à 3 % de ce chiffre d'affaires.

C. Fait générateur et exigibilité

Le fait générateur et l'exigibilité sont confondus et correspondent aux faits suivants :

a) Pour les opérateurs de téléphonie mobile :

– la livraison de carte téléphonique ;

– ou l'émission d'une facture avant toute livraison de carte téléphonique ;

– ou l'encaissement, sur la base de facture ou non, du prix ou d'acomptes sur le prix, antérieurement à la livraison de carte téléphonique ou à l'émission de facture ou document en tenant lieu ;

– ou l'exécution de la prestation en ce qui concerne le roaming.

b) Pour les opérations liées aux opérations de téléphone fixe :

– l'exécution de la prestation ;

– ou l'émission d'une facture avant que les prestations ne soient effectuées ;

– ou l'encaissement, sur la base de facture ou non, du prix de la prestation ou d'acompte sur ce prix, antérieurement à la réalisation de ladite prestation ou à l'émission de facture ou document en tenant lieu.

c) Pour les opérations liées à internet :

– la livraison des produits et services internet (ventes et les locations d'appareils téléphoniques fixes et mobiles, d'équipements et de fournitures permettant l'accès à internet) ;

– ou l'émission d'une facture avant toute livraison de l'équipement ;

– ou l'encaissement, sur la base de facture ou non, du prix de la prestation ou d'acompte sur ce prix, antérieurement à la réalisation de ladite prestation ou à l'émission de facture ou document en tenant lieu.

La taxe est déclarée et acquittée au plus tard le quinze (15) du mois suivant celui au cours duquel le chiffre d'affaires soumis à imposition a été réalisé. Passer ce délai, ou en cas d'omissions et inexactitudes constatées dans la déclaration, le redevable encourt, sans mise en demeure préalable, une pénalité égale à 10 % des droits dus d'après cette déclaration avec un minimum de 500 000 GNF, outre le paiement d'intérêts de retard de 2 % par mois. Après mise en demeure, la pénalité est de 25 % et en l'absence de réaction du redevable dans les dix (10) jours après mise en demeure, il est procédé à une taxation d'office et le montant de droit correspondant à cette taxation est majoré d'une pénalité égale à 50 % dudit montant. Dans tous les cas, si la mauvaise foi est établie, une majoration de 50 % est appliquée et elle peut est portée à 100 %.

Section 9. Le secteur halieutique

Les redevances de licences de pêche industrielle sont réglementées par l'article 514 du CGI comme suit :

A. Pêches aux engins actifs

1 – Chalutiers congélateurs

—Navires battant pavillon guinéen

• Licence de pêche pour les chalutiers pélagiques 18 $ E. U./T.J.B

• Licence de pêche pour les chalutiers céphalopoliers non prévu

• Licence de pêche pour les chalutiers émiraux100 $ E.U/T.J.B

—Navires étrangers basés en Guinée

• Licence de pêche pour les chalutiers pélagiques 40 $ E. U./T.J.B

• Licence de pêche pour les chalutiers céphalopoliers non prévu

• Licence de pêche pour les chalutiers démersaux 185 $ E.U/T.J.B

—Navires étrangers

• Licence de pêche pour les chalutiers pélagiques 60 $ E. U./T.J.B

• Licence de pêche pour les chalutiers céphalopoliers267 $ E.U/T.J.B

• Licence de pêche pour les chalutiers crevettiers 328 $ E.U/T.J.B

• Licence de pêche pour les chalutiers démersaux 246 $ E.U/T.J.B

2— Chalutiers glaciers

—Navires battant pavillon guinéen

• Licence de pêche pour les chalutiers démersaux40 $ E.U/T.J.B

—Navires étrangers basés en Guinée

• Licence de pêche pour les chalutiers démersaux80 $ E.U/T.J.B

—Navires étrangers

• Licence de pêche pour les chalutiers démersaux 120 $ E.U/T.J.B

B —Pêches aux engins passifs

—Licences de pêche pour les thoniers senneurs20 000 $ E. U/an

—Licences de pêche pour les thoniers senneurs15 000 $ E. U/an

—Licences de pêche pour palangrières15 000 $ E. U/an

—Licences de pêche au filet maillant600 $ E. U/an

—Licences de pêche pour les navires collecteurs appuyés par des barques motorisées guinéennes :

60 $ E. U/T.J.B/an

E.B. : 150 $ E.U./T.J.B./an

G. : 250 $ E.U./T.J.B./an

Les licences de pêche sont établies sur présentation de la quittance constatant le versement de la redevance dans les comptes du Trésor public.

Section 10. Le secteur des boissons alcoolisées

I. Taxe sur les boissons alcoolisées

A. Champ d'application

Les personnes physiques ou morales exerçant une activité de production et de commercialisation de boissons alcoolisées sont également assujetties au paiement d'une taxe spécifique sur ces boissons.

Cette taxe n'est exigible que si les conditions suivantes sont remplies :

– les boissons alcoolisées doivent être fabriquées en Guinée ;

– la cession à titre onéreux ou à titre gratuit doit être effectuée en Guinée, c'est-à-dire que la livraison des boissons alcoolisées doit intervenir sur le territoire national.

Sont, toutefois, exonérées de cette taxe les opérations portant sur les produits suivants :

– les produits médicamenteux alcoolisés sauf l'alcool de menthe les boissons alcoolisées destinées à l'exportation et inscrites sur un registre spécial avec indication de la date d'envoi, de la quantité envoyée et du lieu de destination et du numéro du certificat d'exportation ;

– les boissons alcoolisées ayant déjà supporté la taxe spécifique sur les boissons alcoolisées soit à l'entrée soit à l'intérieur.

B. Détermination

La taxe est applicable aux bières et autres boissons alcoolisées produites en Guinée aux tarifs suivants :

– bouteilles ou boîtes jusqu'à 50 cl : 1000 GNF par unité ;

– bouteilles ou boîtes de plus de 50 cl : 1500 GNF par unité.

C. Paiement

La taxe est due dès la première cession réalisée après production des boissons alcoolisées en Guinée. C'est la livraison des boissons au client qui donne naissance à la créance fiscale et à l'exigibilité de la taxe correspondante, ou le prélèvement ou l'affectation à la consommation.

Son paiement doit intervenir chaque mois en raison du montant des livraisons ou prélèvements effectués le mois précédent. Pour ce faire, les contribuables sont soumis à certaines obligations :

– tenir un livre côté et paraphé par le directeur national des impôts faisant ressortir certaines informations en nature, quantité et degré pour toutes les boissons alcoolisées. Il s'agit du stock au 1er janvier de chaque année, des rentrées ou fabrications inscrites au jour le jour, des sorties inscrites au jour le jour avec indication des noms et adresses des clients.

– Remettre chaque année avant le 1er Mars au directeur général des impôts un état récapitulatif des boissons alcoolisées fabriquées, entrées, vendues ou livrées au cours de chaque mois de l'année précédente. L'état doit indiquer le degré, les taxes correspondantes et la date des versements effectués et le stock au 1er octobre de l'année précédente.

II. Contribution des licences

Toute personne physique ou morale se livrant à l'activité de vente en gros ou en détail de boissons alcoolisées ou fermentées (vins ordinaires, vins fins, bière, cidre, poirés, liqueurs et boissons alcooliques), est tenue de s'acquitter du montant de la Licence destinée aux préfectures (articles 323 et suivants du CGI).

Son montant est fixe et déterminé suivant un tableau récapitulatif reproduit dans le code général des impôts.

Section 11. Les droits de douane

I. Régimes douaniers

Le Code douanier définit des régimes douaniers pour chacun desquels sont prévus des modalités de taxation des marchandises sortant ou entrant en Guinée. Ces régimes sont : l'entrepôt, le transit, l'admission temporaire, l'importation temporaire et l'exportation temporaire.

Par ailleurs, les biens entrants sont classés en quatre (4) catégories :

– Catégorie 0 : il s'agit des produits essentiels à caractère social (articles de santé, de l'éducation, de l'information ainsi que les intrants et équipements de l'agriculture, de l'élevage et de la pêche) ;

– Catégorie 1 : cette catégorie porte sur les biens d'équipements, les matières premières brutes, les produits de première nécessité et les intrants spécifiques ;

– Catégorie 2 : la catégorie 2 concerne les produits semi-finis et les intrants industriels ;

– Catégorie 3 : entrent dans cette catégorie, tous les biens de consommation finale et tous autres produits non compris dans les autres catégories.

II. Droits douaniers

S'agissant des droits de douane, il convient de distinguer ceux qui sont perçus de façon permanente et ceux qui sont perçus de façon temporaire.

Les droits permanents sont :

– la Taxe sur la valeur ajoutée au taux de 20 % sur toutes les marchandises importées à l'exclusion de celles qui en sont expressément exonérées par une loi ;

– le Droit fiscal d'Importation, perçu au taux de 0 %, 5 %, 10 % ou 20 % selon que la marchandise relève respectivement des catégories0, 1, 2 ou 3 ;

– la Redevance pour Traitement des liquidations perçue au taux de 2 % sur toutes les marchandises importées et pour tous les régimes qui n'en sont pas exonérés ;

– les Accises dont le taux varie entre 5 % et 45 %. Cet impôt est perçu sur certains produits en raison soit de leur caractère de luxe soit de leur faible degré d'utilité dans la satisfaction des besoins humains ;

– le Centime additionnel est perçu au taux 0,25 %, sur les importations et exportations de marchandises qui n'en sont pas exonérées ;

– le Prélèvement communautaire est perçu au taux de 0,50 % sur les importations et exportations de marchandises qui n'en sont pas exonérées ; comme son nom l'indique, il est perçu pour le paiement des contributions guinéennes au budget de la CEDEAO.

Quant aux droits temporaires, il s'agit de :

– la Taxe dégressive de Protection de certains produits locaux, son taux varie de 10 à 15 %.

– la Taxe conjoncturelle à l'Importation perçue au taux de 10 % du prix de déclenchement.

Section 12. Les marchés publics

Le régime fiscal applicable aux marchés publics est précisé par l'Instruction n°196/414/PM/MBRSP/du 13 décembre 1996 portant mesures d'application du régime fiscal des marchés publics et projets publics. Hormis le cas des dons en nature non commercialisés octroyés à l'État, les règles fiscales applicables aux commandes publiques trouvent application quels que soient l'origine et le mode de financement (prêt, subvention…) de l'opération.

I. Obligations

Ci-dessous, un rappel des obligations des parties intervenant dans un marché public :

– Les Lois de finances pour les années 1994, 1995 et 1996 viennent rappeler que tous les achats de biens et services effectués par l'État, les collectivités territoriales et les établissements publics doivent être libellés toutes taxes comprises et ces derniers ne bénéficient pas d'exonération particulière, y compris à l'importation ;

– Toute entreprise étrangère bénéficiaire d'un marché public doit se faire immatriculer auprès de l'administration fiscale et désigner à cet effet un représentant résident ;

– En cas de cotraitante, chaque partie membre de la cotraitance sera responsable du paiement des impôts et taxes pour la partie lui revenant.

II. Régimes fiscaux

Le régime fiscal diffère selon le mode de financement retenu :

A. Marché public à financement intérieur

Ces marchés sont imposables dans les conditions de droit commun et sont exclus du régime de paiement des chèques du Trésor série spéciale.

B. Marché public à financement extérieur ou mixte

La charge des impôts et taxes est partagée entre l'État et l'adjudicataire.

L'État supporte les droits et taxes d'entrée sur les importations de biens qui deviendront la propriété de l'État en fin de travaux ou qui y seront incorporés d'une part, et d'autre part, la TVA assise sur le montant total du marché et acquittée au moyen du chèque du trésor série spéciale.

Quant à l'adjudicataire, son obligation dépend de la durée du marché :

– marché d'une durée inférieure à six (6) mois : sont concernés les droits et taxes d'entrée sur les importations de biens qui restent la propriété de l'entreprise sauf bénéfice du régime de l'admission temporaire, la redevance de traitement et de liquidation, la fiscalité pétrolière, la TVA, la patente, les retenues sur traitements et salaires, le versement forfaitaire, la retenue à la source sur les revenus non salariaux, la taxe unique sur les véhicules, les droits d'enregistrement et de timbre pour la part de financement effectué par l'État, la contribution foncière sur les propriétés bâties (c'est-à-dire la Contribution foncière unique) ;

– marché d'une durée supérieure à six (6) mois : outre les impôts à acquitter dans le premier cas, sont visés ici l'impôt sur les bénéfices, l'impôt minimum forfaitaire, l'impôt sur les plus-values immobilières non professionnelles, l'impôt sur les revenus de capitaux mobiliers, les retenues sur les loyers.

Par ailleurs, le contrat doit faire apparaitre de façon claire la répartition de la charge de l'impôt entre l'État et le bénéficiaire.

BIBLIOGRAPHIE

Ci-dessous une liste d'ouvrages et de documents consultés pour la rédaction du présent ouvrage :

- Maurice Cozian, *Précis de Fiscalité des entreprises 2014/2015*, Lexis Nexis
- Patrick Serloot en, *Droit fiscal des Affaires*, précis Dalloz, 2005
- Mémento pratique Francis Lefebvre, *fiscal*, 2015
- Lexique des termes juridiques, Dalloz
- Séverin Monémou, *Droit fiscal des Affaires en République de Guinée*, Harmattan Guinée, 2014
- Amadou Billo Diallo, *Précis de Fiscalité Guinéenne*, Harmattan Guinée, 2011
- Codes : CGI2015 Guinéen à jour de la Loi de finances 2016, CGI 2014 Béninois à jour de la Loi de finances 2015, CGI 2015 Ivoirien, CGI 2014 Malien à jour de la Loi de finances 2015, CGI 2013 Sénégalais à jour de la Loi de finances 2014, CGI 2015 libérien, CGI 2016 Français, Code du travail Guinéen, code minier Guinéen, code douanier Guinéen, code des Investissements, Code civil
- Actes Uniformes OHADA : AU relatif au droit des sociétés commerciales et Groupements d'Intérêts économiques, Au portant organisation et harmonisation des comptabilités des entreprises, AU relatif au droit commercial général.

TABLE DES MATIERES

Gestions et Management

aux éditions L'Harmattan

Dernières parutions

POLITIQUE ET ÉCONOMIE
10 mesures phares pour un monde meilleur
Marquez-Velasco Adrien
Dans ce livre est proposé un système économique d'une nouvelle ampleur qui s'intitule le «coordonnisme». Il s'agit d'un régime réunissant les qualités du capitalisme et du communisme. Il présente comme mesures la coordination des politiques monétaires, budgétaires et financières afin de réguler les consommations intérieures et extérieures, l'épargne, l'investissement, l'inflation et le chômage vers un taux optimal de croissance économique.
(Coll. L'Esprit Économique, série Krisis, 20.00 euros, 194 p.)
ISBN : 978-2-343-07529-7, ISBN EBOOK : 978-2-336-39887-7

AUX FRONTIÈRES DU MANAGEMENT
Manifeste pour un temps d'exigence
Massé Francis
Le management est l'une des clefs pour faire advenir une société meilleure, forte d'organisations efficaces. À cet égard, la notion de frontière fait sens. Le management s'inscrit dans une réalité, sinon il n'est rien. Le management traverse aussi des découpages disciplinaires multiples qu'il doit relier : il est frontière. Il constitue enfin un levier pour transgresser des limites artificielles et élargir le champ des possibles, où règnent l'imagination créatrice et l'innovation.
(Coll. Local et Global, 14.00 euros, 122 p.)
ISBN : 978-2-343-07517-4, ISBN EBOOK : 978-2-336-39760-3

LA LUTTE DES NORMES AU TRAVAIL
Faulkner Marcel - Préface de Jean-Pierre Durand
Aborder l'analyse du travail et de l'organisation sous l'angle de la normalisation permet d'atteindre deux objectifs. Comprendre que l'organisation est traversée par une lutte des normes dont les formes sont multiples et qui vont de la collaboration à la confrontation. Constater que cette lutte ne se limite pas au seul domaine des opérations courantes des organisations, mais qu'elle concerne aussi les choix stratégiques et les grands enjeux du travail et de l'emploi.
(Coll. Logiques sociales, 29.50 euros, 286 p.)
ISBN : 978-2-343-07381-1, ISBN EBOOK : 978-2-336-39859-4

GOUVERNANCE ET INTELLIGENCE ÉCONOMIQUE EN PME
Sous la direction de Daniel Corfmat, Marc Chambault et Georges Nurdin
L'intelligence économique est devenue un mode de gestion et de gouvernance de l'entreprise. Cet ouvrage réfléchit sur la démarche que le chef d'entreprise peut entreprendre pour éclairer ses décisions, garder sa marge de manœuvre de compétitivité et toutes ses possibilités de développement afin de sécuriser sa pérennité. Vous trouverez des recommandations pratiques qui tentent d'aider le dirigeant à aborder ce qui est devenu un enjeu majeur de la protection de son capital.
(Coll. Gouvernance et entreprise, 11.00 euros, 70 p.)
ISBN : 978-2-343-06861-9, ISBN EBOOK : 978-2-336-39734-4

LA POSTE, QUELLE AVENTURE !
L'informatisation du tri postal et autres chantiers hauts en couleur
Lenoir Olivier - Préface de Laurent Chaffard
Ce récit de quarante ans de carrière «aux PTT» parle du plaisir de créer, mais aussi des pesanteurs hiérarchiques et des souffrances du harcèlement moral. Il parle d'un avenir où les valeurs de coopération, d'entraide, de solidarité pourraient remplacer la course au profit, la concurrence illusoirement «libre» et le chacun pour soi. Le management et l'innovation, l'évolution de l'informatique et du service public sont des thèmes qui s'entrecroisent dans ce témoignage optimiste.
(17.50 euros, 164 p.)
ISBN : 978-2-343-07666-9, ISBN EBOOK : 978-2-336-39881-5

INTELLIGENCE DE L'INFORMATION
Entre état d'esprit et stratégie d'organisation
Mallowan Monica
En plus de contribuer à l'avancement des connaissances en matière de modèles traitant de management de l'information stratégique et des pratiques informationnelles, reliées à leur application en organisation, cet ouvrage aborde les champs de la littératie, de la culture et de l'intelligence de l'information. Une proposition est faite au sujet de leur mise en relation dialogique et systémique, dans un effort de construction d'une double mutation transdisciplinaire, celle du nouveau statut d'informateur et du concept de transculture de l'information.
(Coll. Intelligence économique, 36.00 euros, 354 p.)
ISBN : 978-2-343-06623-3, ISBN EBOOK : 978-2-336-39756-6

FISCALITÉ ENVIRONNEMENTALE
Entre impératifs fiscaux et objectifs environnementaux, une approche conceptuelle de la fiscalité environnementale
Caruana Nicolas - Préface de Thierry Lambert
La fiscalité environnementale intéresse relativement peu les juristes et représente en pratique une part très faible des recettes fiscales des États. Souvent limitée aux écotaxes, cette notion que cette thèse se propose de définir présente de multiples dimensions, tant fiscales qu'économiques, tant politiques qu'écologiques. Caractérisée par son efficience environnementale, elle n'a en réalité ni le champ d'application ni la portée que lui prête le discours politique.
(Coll. Finances publiques, 43.00 euros, 514 p.)
ISBN : 978-2-343-07550-1, ISBN EBOOK : 978-2-336-39716-0

LA MAGIE DES JUSTES PROPORTIONS
Restructuration financière d'un LBO avec apport de new money
Journo Albert
Comment opérer la restructuration financière du capital d'une entreprise de taille moyenne sous LBO (Leveraged Buy out) en période de turbulence opérationnelle ? Plusieurs scenarii sont imaginés selon l'évolution de la perception du pronostic de rétablissement. Un cas réel vient étalonner les raisonnements variés déterminant les nombreux paramètres suivant de justes proportions et des désirs, emportant d'emblée l'adhésion de tous. Cet ouvrage donne un éclairage original sur un comment faire.
(Coll. Ad valorem, 25.00 euros, 238 p.)
ISBN : 978-2-343-07914-1, ISBN EBOOK : 978-2-336-39861-7

L'ÉCONOMIE A-T-ELLE UN SENS ?
Essai
Vadjoux Philippe
Le profit est-il légitime s'il ne tient pas compte des coûts sociaux et environnementaux ? L'économie n'est pas d'origine divine ou naturelle, elle dépend de nous, elle évolue. La recherche d'une nouvelle économie plus démocratique, plus créative, plus diversifiée au service des êtres humains et respectueuse de la planète n'est pas utopique. Elle existe au travers d'idées, de projets, d'expériences. Une mutation est possible.
(29.00 euros, 346 p.)
ISBN : 978-2-343-07479-5, ISBN EBOOK : 978-2-336-39587-6

L'ÉCOLOGIE AU SECOURS DE L'ÉCONOMIE
Inventer les outils d'une nouvelle prospérité
Coutouly Rodrigue
Comment expliquer notre difficulté à relancer l'économie ? Cet ouvrage explore une hypothèse originale : la reprise ne se fait pas car nous atteignons les limites de nos ressources naturelles. L'auteur travaille donc sur les différentes pistes possibles pour construire le développement durable d'une société et d'une économie qui retrouveraient leur cohérence. Les solutions devront s'appuyer sur des politiques publiques imaginatives, audacieuses autant que réalistes, particulièrement en matière de fiscalité et d'investissement.
(Coll. Sociologies et Environnement, 27.00 euros, 260 p.)
ISBN : 978-2-343-06652-3, ISBN EBOOK : 978-2-336-39638-5

L'ÉCONOMIE EN QUESTION
Regards et apports des spiritualités et des religions
Textes rassemblés par Jan-Luc Castel et Vincent Pilley
La vie économique est aujourd'hui bouleversée et altère même le lien social. Où puiser l'énergie de résister à ces dévastations ? Comment régénérer les liens humains dans la société ? Quelles ressources mobiliser pour «changer les règles du jeu» ? Juifs, bouddhistes, chrétiens, musulmans, athées, libres penseurs osent entrer en dialogue parce qu'ils croient en la possibilité d'un avenir commun.
(12.00 euros, 168 p.)
ISBN : 978-2-343-07824-3, ISBN EBOOK : 978-2-336-39689-7

LE CAPITALISME, CANCER DE L'HUMANITÉ
Une économie inhumaine et meurtrière, une société malade, la vie sur Terre en péril
Kornheiser Georges
En 2016, le patrimoine cumulé de 1 % de la population mondiale dépassera celui des 99 % restants, ce qui est sans précédent. Cette minorité possède tous les pouvoirs : économique, médiatique, politique, qu'ils soient étiquetés de droite ou de gauche, les partis de gouvernement sont tous convertis aux dogmes néolibéraux et pratiquent en fait la même politique une fois aux commandes. Le capitalisme est devenu fou. Un autre univers, plus juste et plus humain, est pourtant possible. Il n'est que temps de travailler à son avènement, avant que les dommages ne soient devenus irréversibles.
(Coll. Questions contemporaines, 39.00 euros, 436 p.)
ISBN : 978-2-343-07156-5, ISBN EBOOK : 978-2-336-39615-6

UNE ÉCONOMIE SOLIDAIRE PEUT-ELLE ÊTRE FÉMINISTE ?
Homo oeconomicus, mulier solidaria
Sous la direction de Christine Verschuur, Isabelle Guérin et Isabelle Hillenkamp
Comment expliquer le faible intérêt, dans la littérature sur l'économie sociale et solidaire, pour le genre et les théories féministes, alors que ces initiatives sont fortement genrées et que les femmes y sont surreprésentées ? À quelles conditions ces initiatives sont-elles une opportunité de réinvention de l'économie, réencastrée dans le social et le politique et au service de la justice sociale et de genre ? L'économie solidaire peut-elle constituer une source d'émancipation pour les femmes ou non ? (Articles en français, anglais, espagnol.)
(Coll. Genre et développement - Rencontres, 29.00 euros, 300 p.)
ISBN : 978-2-343-07602-7, ISBN EBOOK : 978-2-336-39514-2

CONVENTION COLLECTIVE NATIONALE DES ENTREPRISES DE SERVICES À LA PERSONNE ANNOTÉE
Dahan Alison, Granet Régis
La convention collective nationale des entreprises de services à la personne de septembre 2012, depuis son extension par arrêté du 3 avril 2014, a vocation à s'appliquer à toutes les entreprises privées relevant du secteur des services à la personne. Cet ouvrage accompagnera les entreprises, les salariés et praticiens dans l'application de la règlementation en vigueur grâce aux explications simples intégrées tout au long de l'ouvrage.
(Coll. Défis, 28.50 euros, 288 p.)
ISBN : 978-2-343-07910-3, ISBN EBOOK : 978-2-336-39684-2

L'HARMATTAN ITALIA
Via Degli Artisti 15; 10124 Torino
harmattan.italia@gmail.com

L'HARMATTAN HONGRIE
Könyvesbolt ; Kossuth L. u. 14-16
1053 Budapest

L'HARMATTAN KINSHASA
185, avenue Nyangwe
Commune de Lingwala
Kinshasa, R.D. Congo
(00243) 998697603 ou (00243) 999229662

L'HARMATTAN CONGO
67, av. E. P. Lumumba
Bât. – Congo Pharmacie (Bib. Nat.)
BP2874 Brazzaville
harmattan.congo@yahoo.fr

L'HARMATTAN GUINÉE
Almamya Rue KA 028, en face
du restaurant Le Cèdre
OKB agency BP 3470 Conakry
(00224) 657 20 85 08 / 664 28 91 96
harmattanguinee@yahoo.fr

L'HARMATTAN MALI
Rue 73, Porte 536, Niamakoro,
Cité Unicef, Bamako
Tél. 00 (223) 20205724 / +(223) 76378082
poudiougopaul@yahoo.fr
pp.harmattan@gmail.com

L'HARMATTAN CAMEROUN
BP 11486
Face à la SNI, immeuble Don Bosco
Yaoundé
(00237) 99 76 61 66
harmattancam@yahoo.fr

L'HARMATTAN CÔTE D'IVOIRE
Résidence Karl / cité des arts
Abidjan-Cocody 03 BP 1588 Abidjan 03
(00225) 05 77 87 31
etien_nda@yahoo.fr

L'HARMATTAN BURKINA
Penou Achille Some
Ouagadougou
(+226) 70 26 88 27

L'HARMATTAN SÉNÉGAL
10 VDN en face Mermoz, après le pont de Fann
BP 45034 Dakar Fann
33 825 98 58 / 33 860 9858
senharmattan@gmail.com / senlibraire@gmail.com
www.harmattansenegal.com

L'HARMATTAN BÉNIN
ISOR-BENIN
01 BP 359 COTONOU-RP
Quartier Gbèdjromèdé,
Rue Agbélenco, Lot 1247 I
Tél : 00 229 21 32 53 79
christian_dablaka123@yahoo.fr

Achevé d'imprimer par Corlet Numérique - 14110 Condé-sur-Noireau
N° d'Imprimeur : 132202 - Dépôt légal : septembre 2016 - *Imprimé en France*

www.ingramcontent.com/pod-product-compliance
Lightning Source LLC
LaVergne TN
LVHW010943061026
849535LV00007B/2551